暮らしのつくり方

整った暮らしの先にあるもの

本多さおり

整理収納コンサルタント

もくじ

おまけコラム

1

暮らしを愛す

日々行なわれる、食べること、
着ること、住むこと、くつろぐこと——。
これらすべての「暮らす」を工夫して、
満ち足りた気持ちで楽しみたい。
暮らしを愛する主婦 兼 整理収納コンサルタントの、
成り立ちと大切に思うこと。

幼い頃から、「暮らし」に関するさまざまなことに興味がありました。

好きな遊びは、りかちゃん人形でのリアリティ溢れるおままごと、自室の家具を移動させての大がかりな模様替え、机の収納はたびたび改変し、雑誌『私の部屋』を読む——。映画『天空の城ラピュタ』を観ていても、迫力の追走劇より、不思議な島の秘密より、飛行船の中でヒロイン・シータがご飯作りを任される場面に一番強く心を惹かれるのです。

その場面でシータは、シンクに山と積み重なる汚れた食器、散らばった野菜くず、調味料の飛び出た棚などの惨憺《さんたん》たる光景を目にします。普通なら見ただけで気分が落ち込んでしまいそうなキッチンを前に、シータは腕まくりをして士気をみなぎらせ、炊事に挑むのです。まず彼女がしたのは、その場をきれいにすること。目を覆うようなありさまだったキッチンは見事にリセットされ、そこからたくさんの温かい料理が生みだされました。乗組員たちはおいしそうに、そのごちそうを頬張るのです。

初めてこの映画を観た時から、このシーンに目は釘づけ。何度も巻き戻し、繰り返し楽しみました。なぜ本筋とは関わりのない描写に、こんなにも惹かれるのでしょう。それはシータが、メインの指令である「ご飯を作る」前に、まずその「場所を整える」ことから始めているからです。その姿勢に、一本筋の通った健全さを感じました。

誰だって、ギトギトのキッチンより、清潔に磨き

上げられたキッチンから作りだされる料理を食べたいと願います。そして彼女は、一見ひと手間多くかかっているようでも、片付けてから作業にあたった方が格段に効率よくできることを知っていたのでしょう。飛行船でのみんなの暮らしをよりよいものにしようという、自然に湧き出た彼女の想いが伝わってきました。

　ラピュタのこのシーンに食いつくような小学生が大人になり、今は「整理収納コンサルタント」として依頼を受けたご家庭の整理収納サービスを行なっています。

　整理収納コンサルタントと聞くと、「散らかっている部屋が許せない、とにかく片付けたくなる人だろうな」と思う人は多いはず。でも、それは少し違うのです。

　私の活動の最終目的は、部屋が片付くことではありません。その家で、その人が「暮らしたいように暮らせる」場をつくることを目指しているのです。ラピュタでいえば、シータがしたのはすべて、「みんながおいしくご飯を食べる」ためのこと。

　例えば、私が暮らしの中で幸せに感じるのは、風の気持ちいい夕暮れ時に、窓を開け放ってソファに座り、ホッとひと息つく瞬間。狭くて古い我《わ》が家だけれど、心地がいいな、幸せだなとしみじみ感じます。これも、部屋が整っていなければ持ち得ない感慨。洗濯物が山積みになっていたり、机の上が散らかったりしていれば、心地よさより「やらなきゃ」という負の感情が湧いてしまいます。

　日々の暮らしは、穏やかに心を充足させるものであってほしい。ふとした瞬間に幸せを感じ、心身を安らげることのできる自分のベースであってほしい。**力をチャージできるような普段の暮らしがあってこそ、仕事や遊びなど外側へも力強く向かっていける**のだと思います。そして外で仕入れた情報やモノたちが、また家での暮らしを豊かにしてくれる。

　この本では、そんな心がけで暮らしを営む私の、大切にしていることや習慣についてお話ししたいと思っています。

暮らしを紡ぎだす

　幼い頃から暮らしに憧れてきた私が、本格的に家のことを担う機会を得たのは、結婚して主婦になってからです。整理収納に関しては自室の「整頓ごっこ」で鍛錬してはいたものの、そのほかについてはどうしたらいいのかわからないことだらけ。とくに苦労したのは、食事の献立を考えること。そして、そのための食材の買い出しです。

スーパーへ行っても、まさに手探り状態。野菜売り場に行ってはみるものの、何をどれぐらい買えばいいのか見当がつきません。周りの先輩主婦たちが慣れた手つきで食材を見繕い、カゴの中に入れていくのを横目で観察。いざ玉ねぎや、じゃがいもなどをカゴに入れてはみても、どれが何日ぐらいもつものなのかもわからない。食材の消費感覚がまったくないために、キャベツを1玉買っては使い切れずにダメにしてしまうというような失敗をたくさんしました。

このような失敗を繰り返すことによって、次は半玉だけ買ってみるなどの工夫が生まれてきます。無理なく食べ切れることがわかれば、「うちの量は半玉なんだ。半玉ならムダが出ないんだ」と学ぶことができます。

誰だって、最初から上手に暮らしを営めるとは限りません。〝家事〟とひとくくりに言っても、ご飯作り、食器洗い、掃除、洗濯、買い物などなど、複雑な要素の仕事が幾重にも織り込まれています。試して、時に失敗して、学んで……。こういったトライ&エラーで暮らしの実験を重ね、自分の生活スタイルを模索してきました。

暮らしの基盤ができあがってくれれば、応用も可能になってきます。例えば今では、キャベツを1玉買って、半分は千切り、半分は四角いカットに下ごしらえしてタッパーで保存。千切りはサラダやお好み焼きに、四角い方は野菜炒めやみそ汁の具に、すぐに投入できるようにしています。この応用は、翌日の献立決めや買い物、さらには炊事の手間を大きく省く嬉しい進化でした。

試行錯誤の上の進化は、炊事だけでなく収納やワードローブ管理、買い物や掃除など、暮らしのいたるところで可能だと思います。家事を行なう上で「ムダが出ちゃったな」「片付けにくいな」「どうも億劫《おっくう》だな」と感じることがあったなら、見て見ぬふりをせず問題ときちんと向き合うことがとても大切。自分や家族の生活に合わないポイントを見つけだし、さて合わせるにはどうしようかと考える。実際にやってみて改善されれば暮らしはよりよくなりますし、結果がイマイチならばもう一度違う方法を試してみればいい。

「心地いい暮らし」「余裕のある暮らし」「余裕があるからこそ生まれるさらに素敵な暮らし」。これらに必要なのは、**問題を見つけて試行錯誤を繰り返し、改変させていく習慣**だと思います。ただでさえ忙しい日々の中、暮らしのちょっとした問題に目を向けるのは簡単なことではないかもしれません。けれど、一度向き合って改善すれば、そこからの生活が格段にラクになり、暮らしが望む方へと進化していくのです。

暮らしの工夫は思いやりから

「野菜の下ごしらえ」には、忙しい時ほど助けられます。もちろん、下ごしらえを行なう時間と手間を割かなくてはなりませんが、いざそれを利用する時には「昨日の私が野菜を切っておいてくれたおかげで、今晩のご飯作りがずいぶんラクだった。ありがたい」と感謝の念に包まれます。今日の自分が、昨日の自分にありがとうと思える瞬間です。

これが掃除であれば、昨日軽くこすっておいたおかげで、今日の掃除がラクだと思える。昨日軽くこすることができたのは、その前の自分が掃除用具を手軽に取れるように工夫しておいたからだったりする。

暮らしは、昨日から今日、今日から明日へと、日々の連続の上に成り立っています。だからこそ、今の自分の行ないが、必ず未来に響いていくことを体感したい。**〝明日の自分に優しくする〟**という心がけがスムーズで気持ちのよい暮らしを生み、毎日の小さな幸せを生みだしていくのだと思います。

逆を言えば、未来の自分への思いやりが欠けてしまうと、暮らしの流れが滞《とどこお》って小さな不幸せを次々に招いてしまいます。例えばとっくに乾いた洗濯物を、面倒だからと放置すれば、翌朝洗い上がった服をすぐに干せません。あわててピンチから乾いた洗

片付けが苦手な夫のために、専用のボックスを設けました。彼の持ち物はとりあえずここへ。夫が迷うことなく収納できるよう、導いてあげる“思いやり収納”を作り上げています。

ひとりずつ、ささやかなお菓子とおしぼりを添える。私がお手本にしているのは、そんな喫茶店での接客術です。些細なことまで気を配るその心を、我が家でも実践したいと思っています。

一杯のコーヒーを、丁寧に淹れていただく幸せ。そのコーヒーを飲む人が、心からくつろぐ時間を過ごせるように、という温かいおもてなしの気持ちが伝わってきます。

濯物を外せば、衣類がリビングの片隅に散乱。あいたピンチに必死で濡れ物をさげたところで、せわしない朝の家事時間はタイムオーバーに。衣類を床に散らかしたまま、外出するしかなくなります。当然、帰宅して部屋に入った途端、目に飛び込んでくるのは散らばった洗濯物……。疲れた体にダメ押しの光景です。「なんとかしなきゃ……」と感じつつも、とにかく夕飯を作らなくてはならず、洗濯物は放置のまま。結果、2日分の洗濯物を畳まなくてはならない圧を感じながら、散らかった部屋で食事をする憂き目に……。それは本当に自分が望んでいる暮らしのさまではありません。

　こんな風に、家事はすべて連続しているもの。ひとつが滞れば、玉突き事故のように次々と小さな不幸を生みだしていきます。ここからリカバリーするには、とにかく散らかった洗濯物を畳んでしまう必要が。こうなると、その作業はもはや「後始末」です。後始末感が重く漂う作業に、楽しい気持ちで取り組むのはなかなか難しいもの。当然、明日の自分を思いやる余裕は出にくい状況です。後始末が後始末を呼ぶ、負のスパイラルです。

だからこそ、**家事を「後始末」ではなく、未来の自分と家族が行動するための「準備」とすることが大切だと思います。**炊事でも洗濯でも、今やっていることが少し先の心地よい暮らしを生みだします。**自分や家族への思いやりで準備を行なっている——こんなイメージを持って取り組めたら、家事へのモチベーションは格段に上がるはずです。**

片付けは未来への準備

家事を、「後始末」ではなく未来への「準備」にする。前述のように、洗濯物にも炊事にもいえる大切なポイントです。そして家事の中でも「片付け」はまさに、未来のための準備そのものでしょう。

　散らかった部屋から何かを始めるのはとても困難なことです。例えば趣味のこと、洋裁をしよう、くつろぎのティータイムを過ごそうと思っても、スペースを確保しなくては取りかかれませんし、使う道

京都で仕入れた念願のトレーは、お茶や朝食をのせるのに活躍。片付いた部屋でこそ愛する道具を堪能できる。お茶の楽しみがぐっと深まります。

具を探したり洗ったりする必要が出てきます。本当はやりたいことがあるのに、まず「片付け」から始めないといけない……。楽しいことを始めるはずが、気持ち的にはマイナス出発の状況です。最悪の場合、面倒になって、しようとしていたことをやめてしまう可能性も。それは自分がしたい理想の暮らしとはかけ離れているはず。

一方、モノがきちんと定位置にある片付いた空間であれば、そこでしたいことにすぐ取りかかれる「スタンバイ」な状態です。片付いたキッチンではすぐに料理を始められるし、片付いたダイニングにはすぐに食事を運び込める。それも、気持ちよく。

準備のための片付けの先には、食事、趣味、くつろぎ、睡眠などなど、暮らしの全般が存在します。それらすべてを心から楽しむための、片付けであればと思うのです。日々の生活の中に、小さな幸せはたくさん潜んでいます。片付いたテーブルでおいしいご飯を食べること、心地よい空間でくつろぐこと、きれいな部屋にお花を飾ること。どれも散らかっていれば逃してしまう小さな幸せ。**その幸せを逃すことなくキャッチするために必要な準備、それが片付けです。**小さな幸せが続く暮らし、イコール幸せな暮らしではないでしょうか。

2

場を整える

目指すのは、
きれいな部屋ではなく、
その先にある心地いい暮らし。
自分と家族が思い通りに暮らせる、
適材適所にモノのある家。

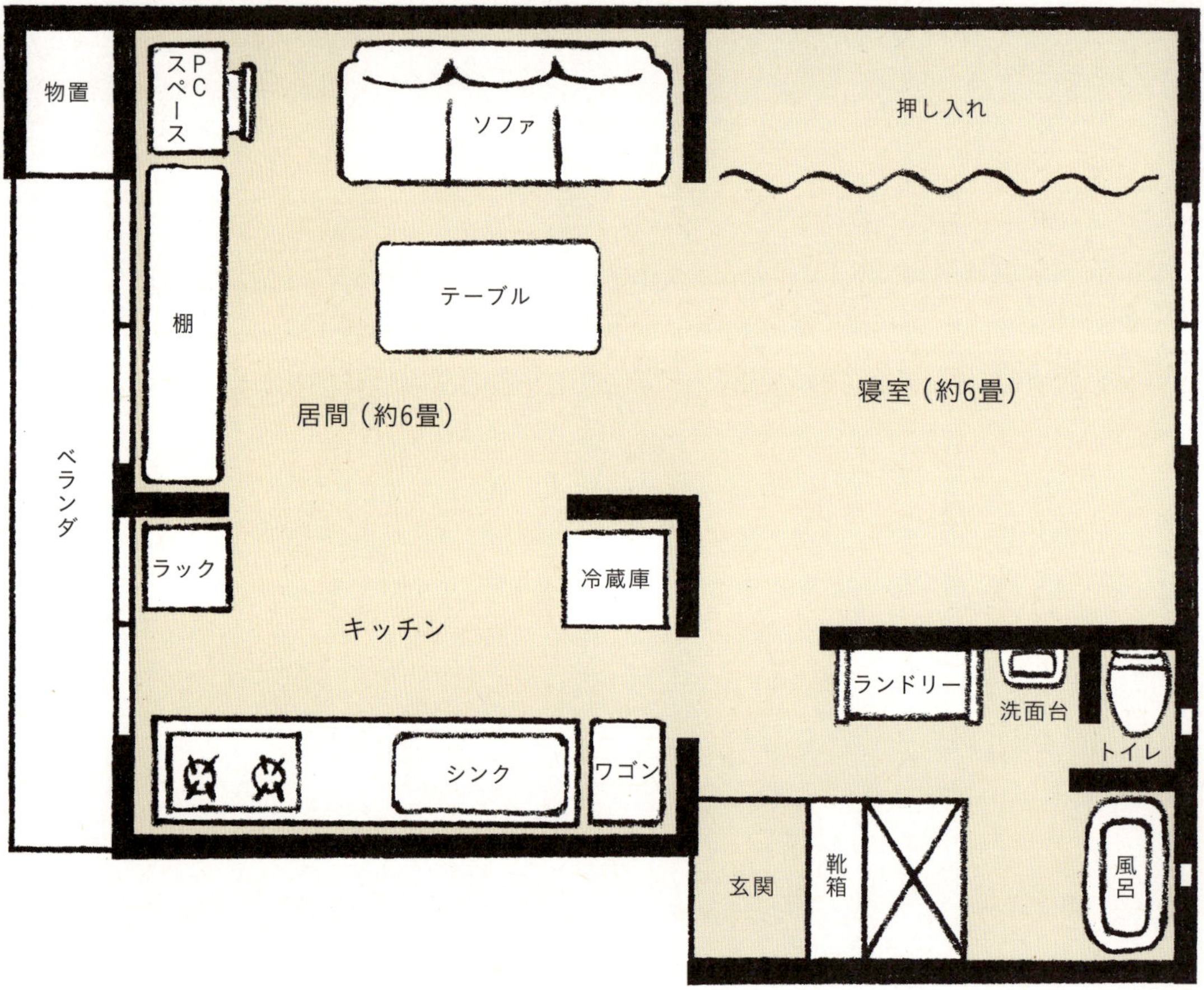

私の理想の朝は、こうです。

起きてきて、眠い目をこすりながら台所に立つと、器や道具たちがそれぞれきちんと自分の居場所に佇んでいる。心にさざ波を立てるような乱れはひとつもなく、お気に入りだけが並ぶ空間の中、穏やかな気持ちでコーヒーを淹れる——。

この理想を現実化することが、私の日々の片付けへのモチベーションです。もし前日の夜に散らかしたまま寝てしまったとしたら、朝起きて一番に見るのは散らかった台所。それでは決して、この理想通りの朝は迎えられません。

頭の片隅に、理想の暮らし像を思い描いておくことは、それを実現させるための大切な第一歩だと思います。暮らしのイメージが確立していると、おのずとその実現のために手が動き、「面倒」などの嫌悪感なく片付けに取りかかることができます。寝る前の時間は疲れているし何より眠い。それでも、布団に入る前にテーブルの上をリセットし、使った調理器具をすべて元に戻して台を拭き、ゴミは残さず処理をする。すべては、翌朝気持ちよく起きるため。

一日の始まりに、雑音のない静謐《せいひつ》な気持ちで「今日を始めよう」と思えることは、その先の時間に大きく影響してきます。例えば、いつもの朝食に、今日はサラダを付けよう、帰りに花を買ってきて部屋に飾ろう、と思いついたり、それを実際に行動に移すことができたり。こうしたすべてのやりたいこと、送りたい人生、理想の暮らしにとって必要なことに、本人は意識せずとも関わってくるのが毎日の朝の始まりのような気がします。

レシピは調理するその場に

調理台の真上にある吊り戸棚にレシピ本を収納。作業する場から一歩も動かずにレシピを取れるため、リビングなどに置いておくより作る機会が増えます。

ラクな仕組みが
「場を整える」自分を助ける

シンク下の調味料などはトレーに置いています。引き出すだけで奥のモノにもアクセスできるし、それぞれのモノの位置が明確になり、取り出しやすくしまいやすい。忙しい時間や疲れている時に、こんな仕組みのある・なしが片付けをやる・やらないに響いてきます。

「べき」に囚《とら》われず、暮らしに合わせる

玄関の靴箱の中に、読む機会の少ない本や最近聴いていないCDなどが入っています。生活の中心である居間から遠い場所にあるため、よく使うモノを入れるには適していない収納。けれど容量があるから使わない手はありません。「靴箱には靴だけを入れるべき」に囚われない、人に合わせた収納例。中段のバッグは、ジムに行く時の着替えやシューズが。行きがけに手に取れて、ジムに行きやすくしてくれています。

片付けの目的を、きれいにすることそのものではなく、きれいにしたその先のこと。理想の暮らしや理想の自分をプロデュースするために行なうこととする。そのために「場を整える」のが、片付けの本来あるべき姿だと思うのです。

モノが最大限活躍する部屋に

では、部屋がきれいになってさえいれば、理想的な暮らしができるのでしょうか。実は、片付いているというだけでは「場が整っている」とはいえません。

例えば、家計簿をつけたり請求書をまとめたりなど、事務作業を始めたとします。机の上は片付いていて、すぐにでも作業に取りかかれる美しい状態。しかし電卓が見つかりません。請求書があちこちに点在しています。書類は違う部屋にあり、あっちやこっちに足を運んで必要なモノを集めなくてはならないとなると――すぐに作業に取りかかれません。

「場が整っている」とは、普段の作業に必要なモノがすぐに取り出せて、「これをしよう」と思ったらすぐに取りかかれる状態です。モノがいつでも活躍できるスタンバイの状態にあり、それぞれの機能を最大限活かせる配置にあること。

そのためには、ひとつの作業に関連するモノが、作業をする場所の近くにまとまって置いてあること。さらに、どこに何があるかを把握しやすく収納されている必要があります。

これは、取り出しやすいのはもちろん、しまいやすさにも大きく貢献するモノの収め方。あちらこちらにしまいに行く必要がなく、モノの定位置がはっきりとしているため迷いなくしまうことができます。以前、部屋中に紙ものや文具を広げなくてはならない作業をした折、片付けに何分かかるか計ってみたことがありました。結果は、2分。収納の仕方

夫の何でも入れ

夫に届いた結婚式の招待状やライブのチケット、出番待ちのカラビナやおこづかいなど、夫のどこにしまったらいいかわからないモノがここに入ります。夫が自分で入れたり、私が夫のモノを拾って入れたり。とにかく夫の探し物がなくなります。

少しの不都合でも見直しを

以前、調理の際に出番の多いボウルたちは、取り出しやすいシンク上のオープンラックに重ねてありました。けれど、小さなボウルひとつを取る時も、全部のボウルをまとめて下ろさなくては取り出せませんでした。ふと思いついて、シンク下に移動。位置が低くなったら、狙いのひとつを上から引っこ抜けて快適に。やってみて初めて気がつきました。

で、どれだけ時間と労力を浮かせられるのかを実感した出来事でした。

いくらきれいに整えた部屋でも、暮らしているうちに散らかってきたとしたら、収納に問題があるせいかもしれません。その散らかりはズボラゆえではなく、片付けるのに手間がかかる収納のせいだから。

家族が散らかして困る、という方も、家族が片付けやすい収納に変えてみると「片付けなさい！」と叱るよりも効果絶大です。**面倒くさがりの夫や幼い子どもがいるならなおさら、「ただ放り込むだけ」「扉もフタもない」「いつもいる場所、通る場所」など、片付けのハードルをできるだけ下げた収納の仕組みに変えてみてください。**しまいやすい＝取り出しやすい。家族にとっても、やりたいことにすぐ取りかかれる「場を整えて」あげることになります。

そして場の整った状態は、自分から「あの雑務をしなくっちゃ。ようし……」と気合を入れて思わなくても、する必要のある行動にいざなう〝きっかけ〟をも作ってくれます。例えば、掃除用具をそれぞれ、使う場所に置いておく。モップはよく使う棚のところに、フロアワイパーはよく使うお風呂の脱衣スペースに。ほこりや汚れに「あ」と気付いたその瞬間、手を伸ばせばそこに掃除用具がある状況です。掃除用具はすべてロッカーに入れると決めてしまうと、使いたい時にいちいち取りに行って、扉を開けて、戻ってくる労力が生じます。その少しの労力が、ほこりを拭《ぬぐ》うきっかけを奪ってしまうことは多々あります。

取り出しやすく、使いやすく、しまいやすい場所——モノたちがそれぞれの適材適所で配置され、行動のきっかけを作ってくれること。そして負担なくそれらを片付けられる部屋。それが、場が整っている状態です。

収納用具を上手に使う

片口やそば猪口《ちょこ》などの小さな器をトレーに入れることで、奥のモノを出しやすくしています。お皿ののったコの字形の仕切り棚は、種類の違うふたつの器を上下に置いてどちらも取りやすく。両方とも透明のアクリルでできているので、下から見上げても何がのっているのかわかります。

人それぞれの暮らしの場

整理収納コンサルタントとして働くようになってから、さまざまな家の収納について深く関わるようになりました。それぞれのお宅の生活スタイル、スペース、癖《くせ》や好みをお聞きして、収納システムをつくるようにしています。

よく「どうするのが正解の収納なのかわからない」「ほかの方はどうしていますか？」と聞かれるのですが、人によって生活も収納スペースもまったく違います。100人いたら、100人に違う答えがあるわけです。**「これぞ！」というお手本があるわけではなく、自分に合う収納を試行錯誤し、より便利に使えるようにそれぞれが進化させていくしかありません。**不都合なところを変えてみて、暮らしてみる。まだ不都合があれば、さらに変えてみる。収納が改善されるごとに、暮らしがぐんとラクになるのが感じられると思います。

整理収納サービスを受けたお客さまからは、「使ったモノを自然と元に戻せるようになり、片付けが苦ではなくなった」という声をいただきます。毎日の片付けが「苦役」「面倒」でしかなかったという人でも、どんなに狭いご家庭でも、気軽に片付けられる収納の仕組みが必ずあるのです。

嬉しいのが、「キッチンの使い勝手がよくなって料理の時短が叶い、娘と遊ぶ時間ができた」「ずっとやりたかった花の植え替えをする時間と心の余裕ができた」など、「こんな風に暮らしたかった」が叶ったというお客さまの声。収納がいかに暮らしに影響を及ぼすのかを、実感しています。

そしてご家庭で作業をしていて感じるのは、収納が整備されていくにつれ、「ここ掃除機かけます」

「ちょっとほこり拭《ぬぐ》いますね」と掃除を始める方が多いことです。私は収納の仕組みを考える時に、掃除がしやすいかどうかも考えるようにしています。モノが片付いてスッキリとした空間になれば、汚れも目に留まりやすくなり、人は自然と掃除をするのです。モノがごちゃついていると注意が散漫になり、掃除の手が行き届かず、家全体がくすんで居心地の悪さを生みだしてしまいます。居心地の悪い家では、家族が心身を休めることもままなりません。

片付けやすく、掃除のしやすい収納は、家庭環境に如実に表れます。家庭円満にも関わってくる、重要なことだと感じています。

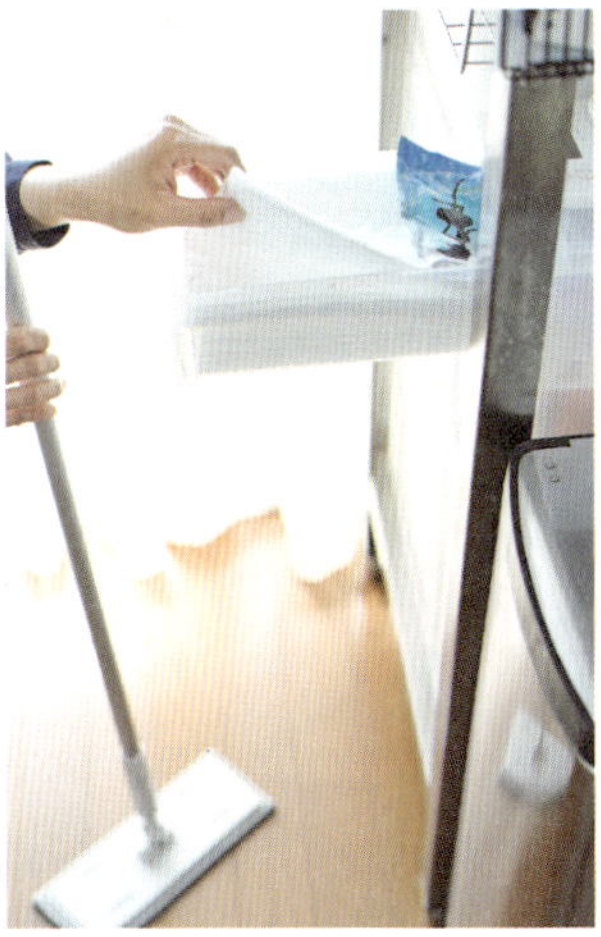

フロアワイパーの動線

お風呂場の横に置いてあるフロアワイパーで、お風呂場の前からキッチンまでのフローリングスペースを拭います。キッチンの突き当たりにオープンラックがあり、そこに引き出しを設置してフロアワイパーの替えシートを入れています。拭い終わったシートはラック横のゴミ箱にポイして、すぐに替えシートを装着。「捨てる」と「新しいモノをセットする」が一カ所でできるのはとてもラクです。

こだわりのカトラリー収納

この家に引っ越ししてきてから、何度となく改変を行なってきたカトラリーの引き出し。もともと持っていたラタンのケースを利用したところから、「もうひとつラタンを買って、木箸と木のカトラリーを分けよう」「ステンレス製はアクリルのケースに入れよう」「買い足したり、使い回したりできるプレーンなケースを使おう」など工夫が広がりました。元からある収納用品を利用して、広げていくのがおすすめです。

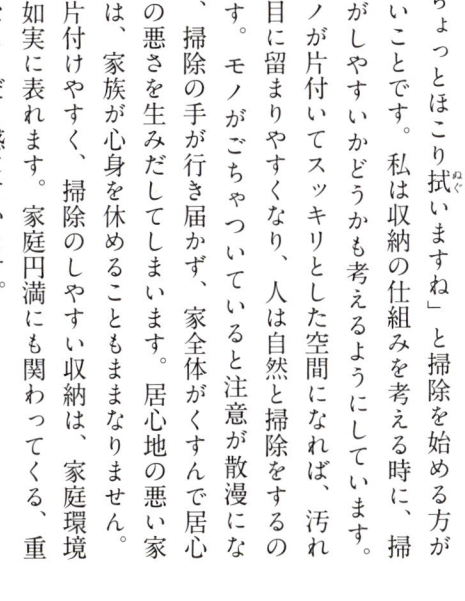

我《わ》が家の動線

習慣化している行動は、ほとんどが無意識に行なわれています。あえて意識し、自分や家族の動きを観察してみてください。ひとつの流れの動作であっちに行ったりこっちに行ったり、立ったりしゃがんだりしてはいませんか？ ここでは、家の間取りに合わせて、帰宅後の夫と私の動線をご紹介します。暮らしの動き＝動線に合わせてモノの定位置を決めていくと、ムダな動きが激減し、毎日が驚くほどラクになります。

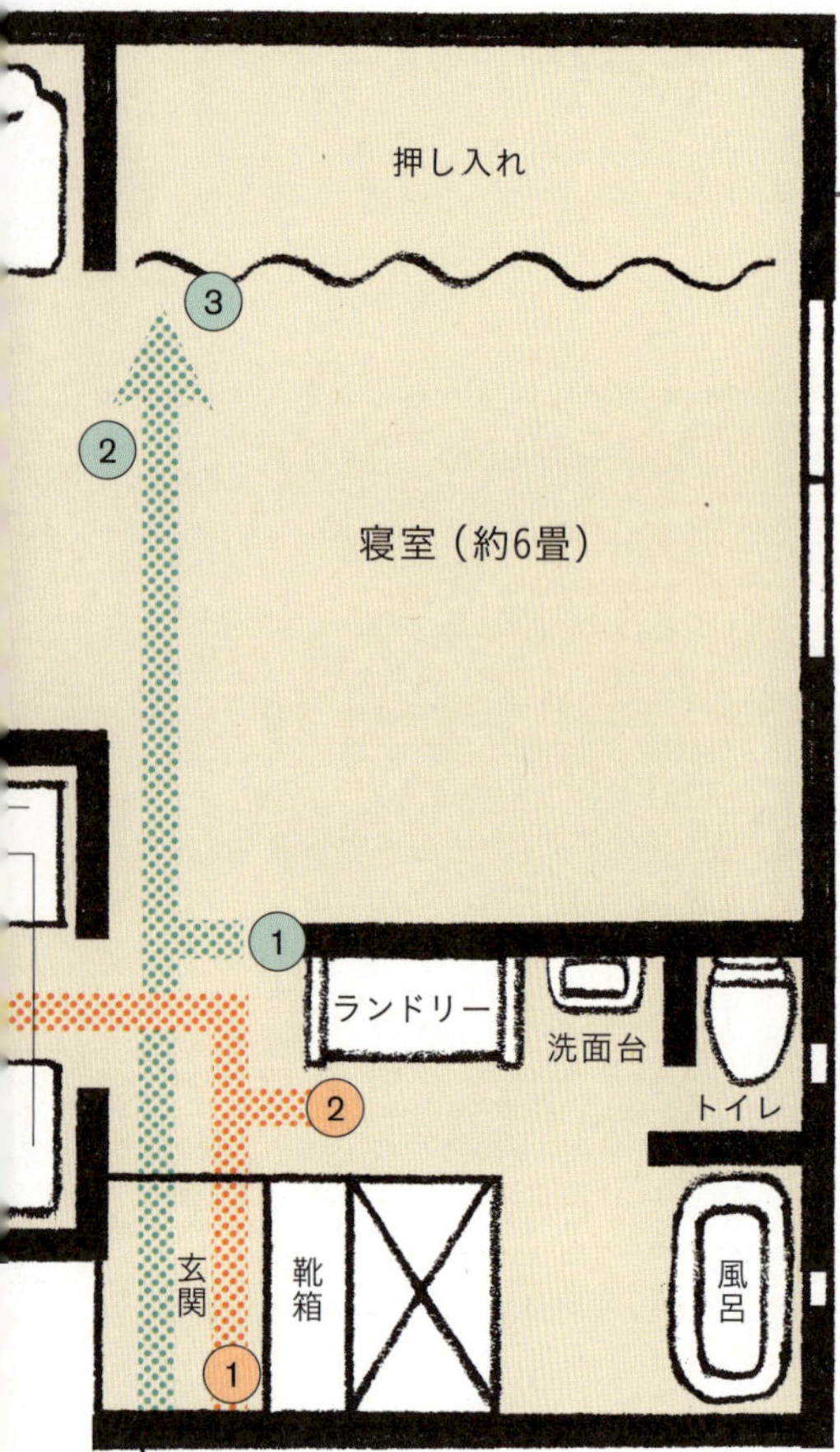

夫の動線

帰ってきたら、玄関扉に付いたマグネットフックにバイクの鍵を吊り下げ、靴を脱ぐ。玄関を入ってすぐのところに吊るされたワイヤーカゴに、財布やキーケースなどポケットの中身をすべて入れる。

玄関を入ってまっすぐ進むと、突き当たりが夫の衣類スペースに。スーツを脱ぎ、かもいに付けたフックに掛ける。翌日着るためのワイシャツも、ここに掛けておきます。

かもいフック（スーツ）の真下にあるケースから部屋着を取って着る。その場に立ったまま、一歩も移動することなく着替え完了。I字一直線収納のおかげで、夫に「片付けて！」と言わなくてすんでいます。

私の動線

帰ってきたら、玄関扉に付いたマグネットフックに車の鍵を掛ける（家の鍵はバッグに引っかけてあるキーケースに付けたままです）。上着を脱いで、玄関に張ったつっぱり棒に掛ける。家の中に持ち込む必要のないアウターや鍵などは、玄関で収納を完結させます。

1

2

玄関を入ってすぐのところにある洗濯機に、使ったハンカチなどを放り込む。帰ってきたその足で入れておけば、後でハンカチを持って洗濯機のところまで戻る手間が省けます。

3

ネックレスを外して、かもいに付けたコマンドフックに吊るす。ブローチをボックスに入れる。かがまないでも脱着できるように、アクセサリーは高いところを定位置にしています。

4

バッグをデスクに置き、その日もらったレシートをデスク前のクリップにまとめて留めておく。こうしておくと、のちにここで家計簿をつける時に便利。また、溜まってくるのが一目瞭然なので、家計簿をつけるきっかけもつくってくれる。

住まいの動線

私の小さな住まいでは、リビングが食事をするダイニングでもあり、事務作業をするオフィスでもあり、リラックスをするプライベート空間でもあります。さまざまなことがこの一室で行なわれ、1日の滞在時間が最も長い場所。

だからこそ、それぞれに必要なモノがすぐに取れる、機能的な状態を保つことがとても大切です。何をするにも、一、二歩歩けばモノにすぐ手が届く。もしくは、座ったままでも取ることができる。**「したい」と思ったことにすぐに取りかかれるスペースであるよう心がけて、収納の仕組みや家具を進化させてきました。**

気を付けなければならないのは、さまざまなことを行なう場所だからこそ、雑多にモノが集まりやすいということ。雑多な場所から必要なモノをすぐに取るのは困難です。これを防ぐために、本当にこの場所で使うモノだけをリビングに置くことを許しています。

そしてそれぞれを、シンプルで取りやすい（＝戻しやすい）ように配置。コースターや鍋敷きは、食卓ともなるテーブルの下の棚に。仕事に使うファイルや文房具はデスクの横に。くつろぐためのソ

引き出しを道具箱に

引き出しの一段を、同じ作業に使うモノでまとめておけば、丸ごと抜き出して道具箱のように使うことができます。私は文房具をまとめておき、広いスペースで事務作業したい時などに持ち出しています。

一時保管ボックスでテーブルトップをきれいに

もらった手紙やDMなど、しまう場所がわからないモノをとりあえず収められる「一時収納ボックス」を作り、テーブルの上の散らかりを防いでいます。箱がいっぱいになったら中身を見直して、処分する、定位置に収めるなどの必要な処理を施します。

テーブルの下は生活密着型

テーブル下の棚に、パソコン、コースター、鍋敷き、ウェットティッシュ、爪切りなどなど、リビングで使う暮らしのアイテムが。わざわざ腰を上げて取りに行く必要がなく、テーブルの上に散らかしっぱなしになることも防ぎます。

読書のきっかけを呼ぶ収納

ソファの横に木箱を立て、本棚にしました。ほかの場所にも本や雑誌の収納場所はあるのですが、今一番読みたい買ったばかりの雑誌などはここに。しまい込むと存在を忘れがちなものも、目に入る場所にあれば自然と手に取ることができます。

ファの横には、雑誌を読むための本棚を置いて。ミニマムな空間だからこそ、最大でも半径2メートル以内でモノが取れ、片付け可能の収納にしています。

ランドリーまわりは白で統一

洗濯小物や洗剤ストックなどを用途ごとに分類してイケアの白いボックスに。無印良品のタオルも白で統一。下着を収めている引き出しには白いプラスチックボードを入れて中が見えないようにしています。白一色にすることで色の情報量を少なくし、雑多な生活用品をスッキリ見せる効果が。清潔感を出すことにも貢献しています。

ランドリースペース

我が家には、ランドリースペースを設置できるような脱衣所がありません。そしてお風呂は玄関の横にあり、洗濯機は玄関の前にあります。そんなわけでうちのランドリースペースは、玄関を開けたらすぐ目の前に存在するのです。

生活感たっぷりの様子がこの家の第一印象になるのは避けたいので、ランドリーグッズと収納用品を白で統一し、雑多な感じを最小限に抑えました。このスチールシェルフには、見た目の工夫はもちろん、お風呂上がりや洗面、洗濯や掃除に必要なモノを効率的に配置するための試行錯誤の結果がぎっしり詰まっています。

洗剤や柔軟剤、洗濯用ハンガーなどは、洗濯機の前に立ったままヒョイッと取れる位置に置いています。干して乾いたタオルや下着は、手軽に目の前の引き出しに放り込める仕組みにしています。洗面所とお風呂に隣接しているため、身づくろいに必要なドライヤーやメイク道具、タオルやシャンプーのストックなどもここに集約。洗面台で顔を洗ったら、一歩も動くことなくシェルフに手を伸ばしてハンドタオルを取り、顔を拭いたついでに洗面台も拭いて洗濯機にポイ。お風呂から上がったらバスタオルも下着もすぐに取れる。

このスペースに必要なモノで、ここにないものはない。あちこちにモノを取りに行かずに済む時短が叶うシステムは、素早く行ないたい身支度や、朝の忙しい時間の大きな助けになっています。

makita

コンパス動線

その場から一歩も動くことなく、手を巡らせるだけで関連の動作をすべてすませられるコンパス動線。いつもの作業を、どれだけムダな動きなくこなせるか。「これまでずっとこうだったから」と立ったりしゃがんだり、あちらの方へ取りにいったりと余計な手間をかけ続けるより、収納場所の工夫をするとずいぶんラクに。ここでは、洗濯物をベランダから取り込んだあとの作業をご紹介します。

ハンガーを種類ごとに入れる

洗濯用ハンガーを、形状別（普通用とキャミソール用）にファイルボックスに収納。ハンガー同士が絡まらず、使いたい種類のものをスッと出せてストレスフリー。ファイルボックスは書類だけでなく、こんな雑貨や食品、調理器具など幅広い収納に使えます。

角型ハンガーを引っかける

乾いた洗濯物を角型ハンガーから外し、洗濯機の上に置いたワイヤーバスケットに入れます。使い終わった角型ハンガーは、スチールシェルフの横に引っかけて。干す時もこの場で、上のカーテンレールに角型ハンガーを引っかけて、濡れ物を吊るしてからベランダへ運びます。

タオルと下着を引き出しにしまう

タオル類はその場で立ったまま丸めて、シェルフのワイヤーバスケットへ。お風呂上がりにも、洗面後にもサッと取れる位置。また下着は引き出しの中へ、畳まずに放り込むだけ。数をセーブしているので、整然と並んでなくても狙ったものをすぐに取れます。

洗濯ネットを戻す

洗濯ネットをボックスに戻します。F/styleというブランドの布張りボックス「ステインプルーフバケット」は、はっ水加工が施してあり、ランドリーまわりにおすすめ。

衣服の動線

私たちが衣服を収めているのは、部屋にある唯一の備え付け収納である押し入れです。押し入れは容量が大きいのがメリットですが、奥行きが深いため工夫をしないとデッドスペースができてしまいます。うまく収めたとしても、奥のモノも取れるようにしなくてはなりません。子どもの頃から暮らし&収納好きだった私は、引っ越してきてこの押し入れを見た時、腕が鳴りました。「これは工夫のし甲斐がある……！」と。

まず、押し入れ内全体を見通すのにジャマだったふすまを取り外しました。そしてもともと持っていた引き出し式衣料ケースや、新しく買った押し入れ用のクローゼットハンガーなどを設置。引き出しの奥の空間を利用するために、つっぱり棒を奥に渡して使用頻度の低い礼服などをかけました。手前に引き出せるスライド式のハンガーポールには夫のトップスを掛けています。

押し入れでもクローゼットでも、**日々の習慣に基づく動線に沿った収納が大切です。**毎日出番のある私の服は、ひと目で見渡せるように横並びにして掛け、休日しか出番のない夫の服は、手前に引き出す必要のあるポールに掛けて奥の方まで空間を利用。夫も私も毎日使う靴下は、無印良品のシューズホルダーを吊るしてそこに放り込んでいます。カーテンを少し開ければ顔を出し、扉を開けるような余計な動作がなくヒョイッと取ることができるラクな定位置です。

夫婦のボトムやTシャツなどは、押し入れ左上の引き出しに収めています。「我が家の動線（P18）」でご紹介したように、引き出しの前に夫が立てば、スーツにも部屋着にも手が届く位置取り。隣にある私の引き出しも、クローゼットハンガーと隣接しているので、ほとんど動かずに着替えを完成させられます。

ワードローブの収納で一番大切なのは、手持ち服を一カ所で見渡せることではないでしょうか。あちらこちらに点在していては、頭の中でコーディネイトをするのもひと苦労。うまく組み合わせられず、服を活かしきれない状態になってしまいます。

ちなみに、押し入れに吊るせない丈の長い服やしょっちゅう着るアウターなどは、寝室のかもいフックに掛けっぱなしにしています。一時的に掛けているわけではなく、そこがその服の定位置。入れにくい服を無理に収納に収めるくらいなら、部屋に吊るしておいた方が使いやすいからです。しょっちゅう着るということはお気に入りなので、その服が常に視界に入っていても気になりません。

どんな収納でも、「ここに必ず入れるべき」という先入観を取り払って考えたいもの。いかに使いやすいか、暮らしやすいかが最優先です。

使用頻度の高いモノはすぐ取れる位置に

必要な時に少しカーテンを開ければ取れる靴下。洗濯し終ったら丸めて放り込むだけ。この収納法は、靴下が多すぎると何を持っているのか把握できなくなるので向いていません。私は数をセーブして、現時点で7足。これで十分足りますし、履きたいものをすぐに取れるちょうどよい量です。

column ① 仕事道具

頭の中を整理して
仕事にのぞめるように
道具を整頓

整理収納サービスという仕事を始めてから、お客さまの個人データ、収納用品のカタログ、そして雑誌や書籍の打ち合わせ資料など、紙の資料が増えました。雑多になりがちな書類の収納で大事にしたいことは、カテゴリーで分けておくこと。カテゴリーごとにファイルを作っておけば、現場へ持ち運ぶ時も、お客さまに見せる時も手際よくすむのです。文具や収納用品は、無印良品を使用しています。シンプルで機能的なデザインなので、ビジネスシーンによく似合うのです。

リビングに置いてあるパルプボックスの引き出しが、仕事道具の定位置です。中には、仕事用の財布、名刺入れ、封筒など。さらに、銀行のカード類、通帳など使用頻度が高く、ビジネスと関連のあるモノの収納場所になっています。角のあるスクエアのものが多いので、角に丸みのない引き出しなら効率よく収めることができます。

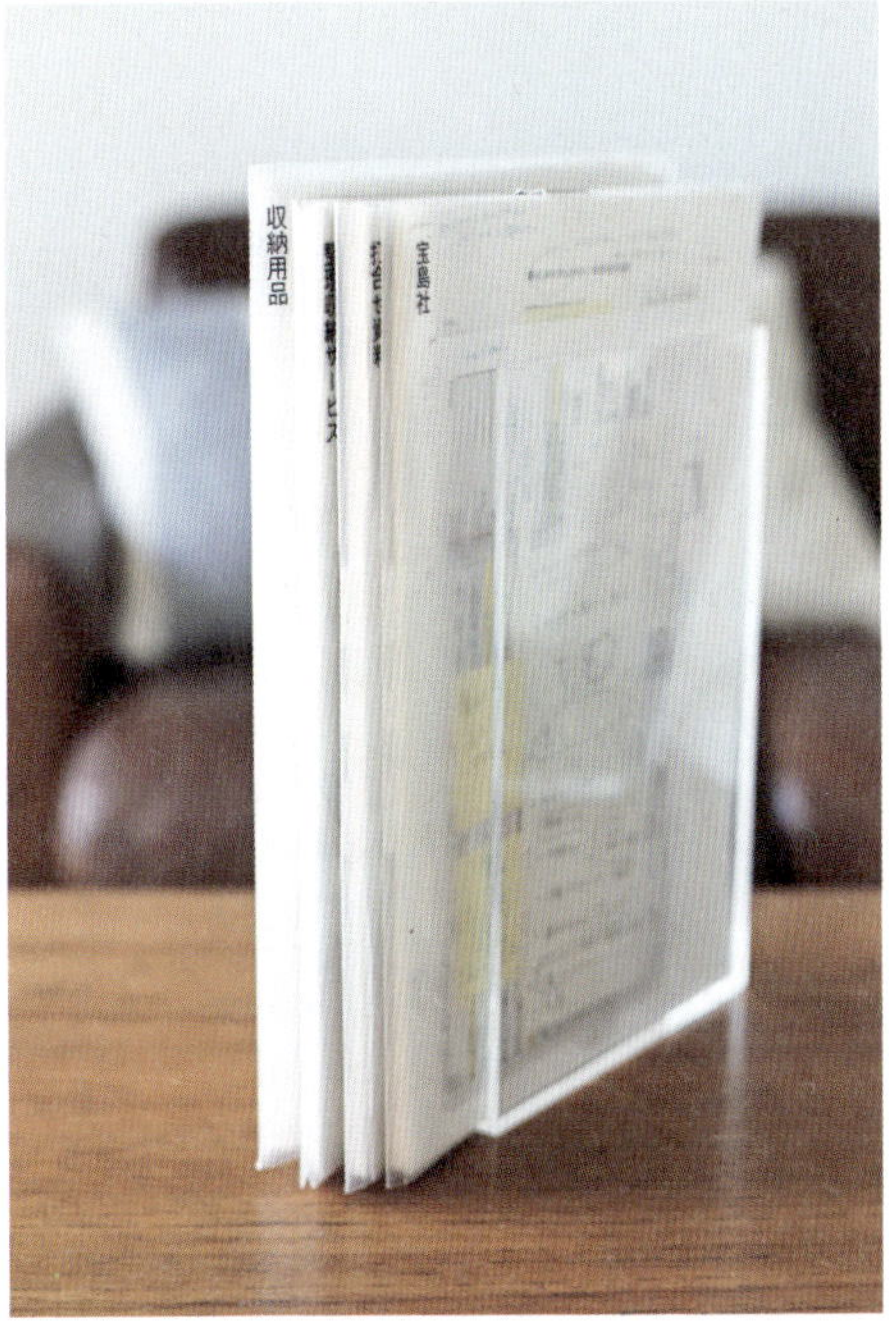

仕事の書類を「出版社ごと」「収納サービス」などに分けてファイリングし、透明の収納スタンドに立ててPC机横に置いています。ファイルもスタンドも無印良品のもの。両方とも薄いので、中身を増やさないよう意識しながらコンパクトに管理できます。

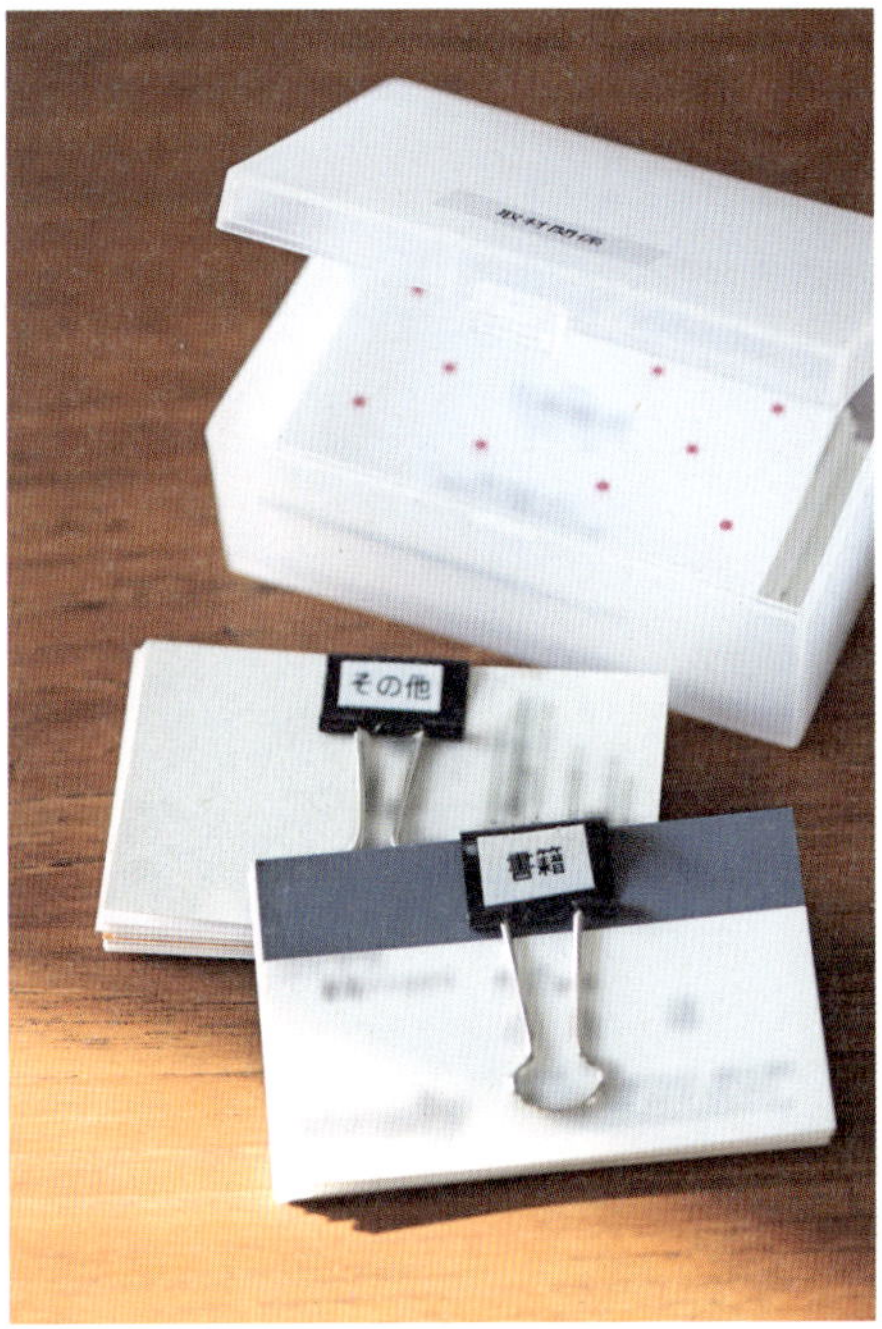

名刺は、「書籍」「雑誌」「その他」で分け、クリップでまとめています。以前はファイリングしていたのですが、歯抜けになった時にスライドするのに手間がかかると感じ、こちらに変更。これで探しやすくなりました。

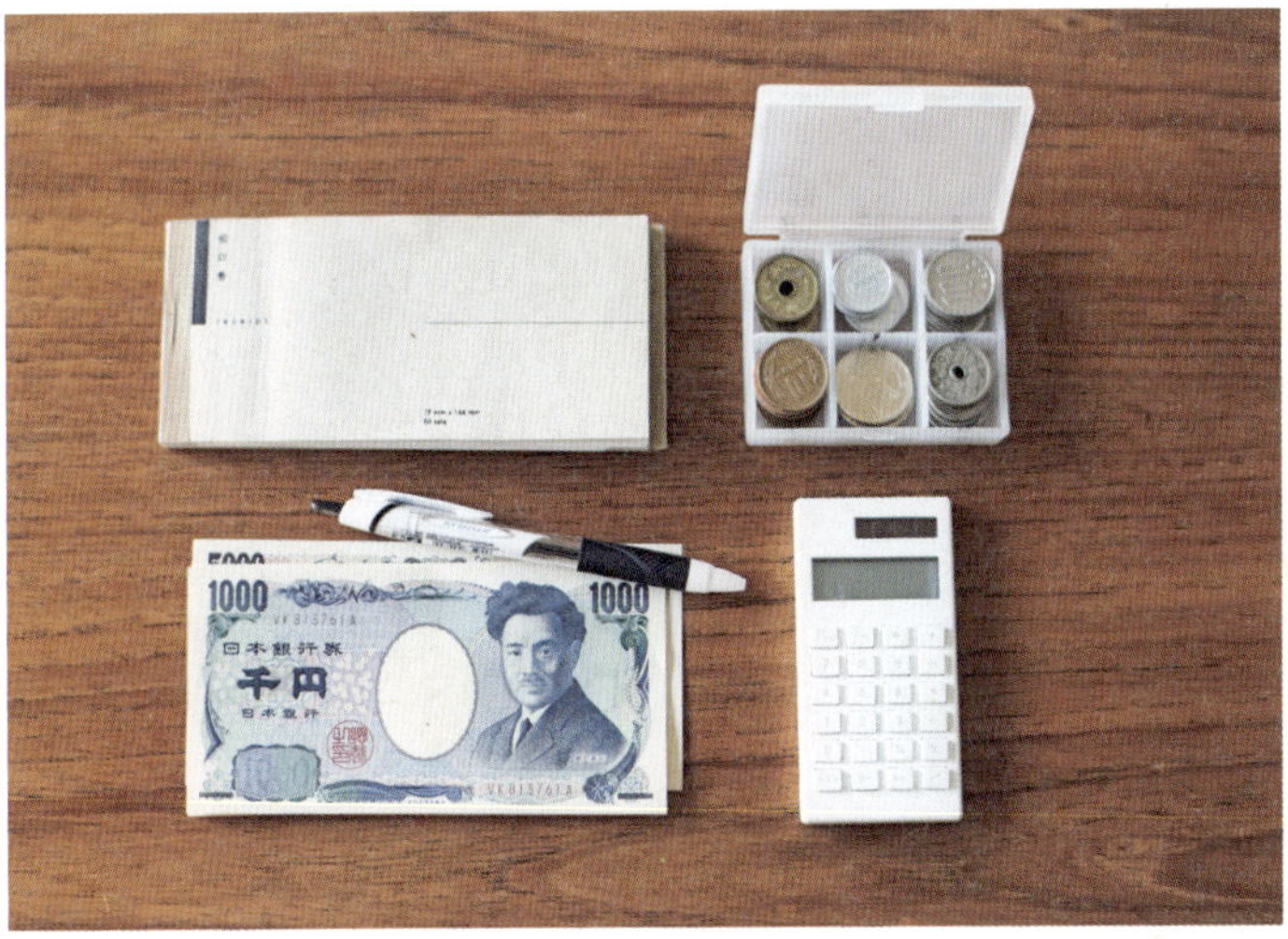

右のポーチの中身。お札と小銭を合わせて9,999円を常備し、お客さまにおつりを渡せるようにしておきます。小銭は、無印良品のピルケースを使えば、整理しやすい。デザインユニット「ドロップアラウンド」の領収書は、シンプルで使い勝手が良く、渡したお客さまから「かわいい」と喜ばれることも。

左写真の一式を、無印良品のメッシュポーチに入れてレジ代わりに客先へ持っていきます。ポーチの外ポケットが、ぴったりお札の大きさで、きれいに出し入れできる。

3 勝手のよい台所

ほしいのは、
「料理したくないと思う隙を与えない」台所。
多種多様な道具と食品が混在するこの場所は、
収納の工夫が作業効率に直結します。
勝手のよい台所でなくては、
私は一生料理をする気が起こらないのでは、
とすら思います。

私は、料理があまり好きではありません。剥《む》いたり切ったりという「作業」はまだしも、調味などの部分で「積極的にやりたい！」と思える仕事ではないのです。それでも、どうせやるのなら「なるべくやりやすく」「なるべく楽しい気持ちで」取り組みたい。料理を好きになりたいなんて贅沢《ぜいたく》は言いません。ただ、毎日・毎食のことだから、少なくともイヤなモノにはしたくないのです。消極的な理由のようですが、その思いの強さ、揺るぎなさがすべて収納に向けられているわけです。

　ただでさえ台所は、多くのモノや食材が並び、切る、煮る、盛るなどのさまざまな作業をする場所です。**たくさんのモノを頻繁に出し入れするため、モノの形状や用途などに合わせた、出しやすくしまいやすい収納が料理の大きな助けとなります。**台所は、家じゅうで最も収納のよさが作業の結果に結びつく場所なのです。そして、作業中に「スッと出せた」「片づけやすい」「掃除しやすい」など、自分の工夫に対してちょっと悦に入ることがあると、炊事が楽しくなっていきます。

　作業に適した収納が仕事をラクにするということは、暮らしの全般に言えること。掃除道具を使いやすく配置すれば、掃除は苦ではなくなります。洗面台やメイクボックスを使いやすく整理すれば、苦手なメイクも手早くラクにできるようになります。料理も同じことですね。

我《わ》が家の小さな台所

築40数年の我が家は、シンクまわりの設えがとても小さい！　作業台のスペースも、ちょっとモノを置けばたちどころにふさがってしまいます。作業台をいかに広く取り、調理のジャマになるモノを置かないかが勝負。使い終わった道具をすぐに洗って、サッとしまえる収納であれば、料理をしながら片付けも同時進行できます。労力が少ない小回りの利く台所が理想です。

そのために、モノをよく使う「1軍」と、たまに使う「2軍」に分けて収めています。同じフライパンだからといって、一カ所に1軍も2軍も重ねておかなくてもよいのです。一番使うサイズのモノを、コンロの上に吊るしておくのもひとつの手。これだけで調理の手順「フライパンの入っている扉を開ける」がひとつ減ります。

台所はいわばコックピット。作業をしているその場から、よく使うモノにワンアクセスで手が届くのが理想です。

また大切なのが、家族もわかる収納にしておくこと。時折、「夫も料理をする」というご家庭の話を耳にします。残念ながら、我が家の夫は料理にまるで興味がありません。だからせめて、食べた後の片付けや、買ってきたモノの配置をお願いしています。

すると、「夫もわかる収納」にしておくことが必須事項。なんとなく適当な収納では、夫にとってはどこにしまえばいいかわからないため、「出しっぱなし」「変なところに突っ込む」となってしまいがち。それ以前に、「やっておいてね」というお願いもしにくくなってしまいます。

これを解消するために、**「すべてのモノにきちんと定位置をつける」「同じ種類や用途のモノをまとめる」「扉やケースにラベルをつける」**を徹底しています。料理をなさる旦那さんがいるご家庭では、さらにこれらが効力を発揮すると思われます。これらのことは、使い勝手にも直結するからです。

レシピ本は吊り戸棚の中

調理台の真上にある吊り戸棚に、レシピ本を置いています。料理をする場所から最短の配置にし、よりレシピを利用できるようにしました。吊り下げ式のレシピスタンドを導入したら、本が宙に浮いた状態で広げられて想像以上の見やすさ！

超1軍は見せ収納

毎回のように使う小鍋とフライパン(小)、お米を炊くストウブは出しっぱなしです。吊るす収納は、手を伸ばすだけで何にも干渉されず取れるので本当にストレスフリー。よく使うモノなら、汚れも溜まりません。ストウブは重厚な外見に魅せられて、コンロ上に出しっぱなしにすること前提で購入しました。

上から取れるラクちんな扉裏

見逃しがちな扉裏ですが、フックを利用してモノを収めると、立ったまま上から取れるのでとてもラク。ゴミ袋は、カットした段ボールにかけてゴムで留めると1枚ずつ取れます。ジップロックは箱の上部を切り取って、吊り下げバスケットに。ビニール袋やウエスはフックに吊り下げたミニボックスにイン。

引き出しケースを利用

以前は別の場所で使っていた引き出しケースをシンク下に入れてみました。引き出すと奥のモノも手前に出てきてくれるので、ちょっとかがめば取ることができます。立ったり座ったりは、なるべくしたくありません。

どこからでも出し入れできるオープンラック

一般的な棚とオープンラックの違いは、扉や壁があるかないか。壁がなければ前からでも横からでもモノにアクセスできて、配置の可能性も大きくなります。お茶やシリアルなど、よく手に取るものは目線の位置に。ガラス瓶に移し替えれば見た目も気になりません。

一時ゴミ箱が便利

オープンラックの引き出しのひとつを、資源ゴミの一時的なゴミ箱にしています。中がいっぱいになったら、ベランダにある比較的大きなゴミ置き場に移動。資源ゴミが出るたびベランダに出る手間が省けて、ずいぶんラクになりました。

個包装の食材を集合

仕切りを自由に入れられる引き出しに、インスタントのみそ汁やお茶漬け、十穀米などの定番食品を入れています。空席が出ると「買わなくちゃ」とわかりやすく、またそのスペースに入りきらないようなムダ買いを防ぐこともできます。

接地させずにキャスターに

床にモノを直置きすると、風通しが悪い上に掃除がしにくくなります。ワゴン下に置いたこの根菜類のボックスには、別売りのキャスターを取りつけました。ちょっと引っ張るだけで取り出しやすく、掃除も簡単です。

器の収納

食器棚を持たず、頭上の吊り戸棚とその下のオープンラックに食器を収納しています。ここでも何より大切なのが、出し入れのしやすさ。中に小さなラックや仕切り棚を設置することで、モノを置けるスペースを増設することができます。また、違う種類の食器を重ねずに済むため、取り出しやすさも叶えてくれます。ここでは、よく使うモノをより使いやすくする食器収納のプロセスをご紹介します。

収納用品を入れ、3軍を奥に

備え付けの収納の中に、スペースを増やすための収納用品（ラックやコの字形仕切り棚）を入れます。まずアクセスの悪い奥の方に、めったに使わない皿やグラス、カップなどを入れておきます。

1軍は一番手の届く場所に

扉を開ける必要のないオープンラックに、毎日使うご飯茶碗や汁椀などの食器の1軍を並べます。お気に入りの木の器や、大好きな湯呑みたちも使用頻度の高い1軍。取りやすいうえ、趣《おもむ》きある佇まいが台所に味わいをもたらしてくれます。これも、台所に立つことをイヤに思わないための一手。

2軍は吊り戸棚に

毎日ではないけれど、時々は出番のある2軍の食器たちを吊り戸棚へ。その中でも、使用頻度が低いモノを、取りにくい上のほうに。使用頻度が高いモノを、手前の方に配置。

高低差をつけると奥のモノも取れる

手前に置いた食器と高低差をつけることで、奥のモノにも手が届くようにしています。利用しているのは、アクリル製のコの字形の仕切り棚。透明だから、モノが見えやすく、収納用品は目立ちにくい。

湯呑みをザルに盛る

ザルにカーブがかかっているから、湯呑みをのせても滑り落ちません。風通しもよく、見た目の「暮らし」感がたまらない。お気に入りの湯呑み同士が、ザルの中心に向かって寄り添う姿が好きです。

扉の開き方で
取りやすい位置は変わる

棚の中でも、扉の開き方によって取りやすい場所は違ってきます。うちの吊り戸棚は両開きなので、中央からちょっと外して食器を置けば、片方の扉を開けるだけで取ることができます。片開きであれば、開き始める最初の場所がよく使うモノのベストポジションですね。

水切りがそのまま収納に

シンク上のオープンラックにステンレス製の吊り下げ棚をつけ、グラスの定位置に。洗ったらここで水切りができるので、拭く手間としまう手間をダブルカット！ ほかにもタワシや小さなまな板を下げたりと大変便利。

冷蔵庫の収納

冷蔵庫は、モノが非常にアクティブに動くスペースです。今あるモノは賞味期限が切れる前に、新鮮なうちに食べてしまわなければならないし、食材を切らす前に仕入れてくる必要があります。入れ替わりが激しく、「これはココ」と定位置を作るのが難しい場所。私がしているのは、納豆や食べるラー油などの「ごはんのとも」、生ものや残り物などは「近日中に食べるべし」とざっくりと分類し、エリアごとに管理する方法。トレーにはラベリングをし、そのカテゴリーのモノが何かパッとわかるようにしています。

背の低い瓶類は手前に配置

うちの冷蔵庫は、最上段の中心部の奥行きがないので、長方形のトレーを横置きにして瓶詰や調味料などを並べています。その際、後ろのモノも見えるように手前は背の低いモノを入れるように。ラインナップがひと目でわかり、ムダなく消費することができるようになりました。

フル稼働の食材は中段に入れる

右側はミニパックの「ドリンク」。夫婦ふたりでは1リットルのパックを飲み切れないため、このサイズ感がちょうどよい。トレーごと出せば選びやすく、お客さまにも好評。左側は「ごはんのとも」。まとめていることで迷子が出ず、食べないうちに賞味期限が切れることもありません。定位置がわかりやすいので、夫もちゃんと戻せます。

余白が大切

下段には、何も入っていないスペースを作るようにしています。すると、お鍋ごと入れておけるのでとても便利。ちなみにもとは4段構成の冷蔵庫でしたが、1段抜いて高さにゆとりのある収納スペースにしています。

お客さまのお宅に伺うと、ドアポケットから2年前に賞味期限の切れた調味料が出てきた、というパターンが多く見られます。けれどそれは、大いにもったいないこと。調味料のことだけではありません。ドアポケットは、冷蔵室の中でも出し入れのしやすい一等地。ここに、使用頻度の高いモノを入れない手はありません。さまざまな料理に使えるベーコンやハム、チーズといった食材も、私の場合はこのドアポケットを定位置にしています。

たまごはパックを切りそのまま入れる

たまごをひとつずつ入れるのは面倒なので、エッグポケットを外してパックのまま入れています。ふたはカッターで切って捨て、賞味期限はマスキングテープに書いてドアポケットに貼っておきます。

加工肉、乳製品もドアポケットに

いろいろな料理に使えるのに、存在を忘れやすいベーコン、ハム、チーズ。これらを、チルド室に入れてしまうと、ますます忘れて古くさせてしまいがち。冷蔵庫を開けた時にこれらが目に入ると、献立が浮かびやすく、料理したくない気持ちになるのを防いでもくれます。

グラスも冷やして

ビールを注ぐ用のグラスも、ビールの隣で冷やしておきます。キーンとした冷たさを楽しめるのはもちろん、両者をいっぺんに取り出せるのがラク。これぞ、自分と家族への思いやりの真骨頂……！

冷凍庫の中

もともと、この冷凍庫は2段構成だったのですが、一見して内容を把握したかったので上の部分を外しました。無印良品のアクリルのCDケースを3つ使い、「肉」「魚」「お弁当用おかず」の定位置に。手前には食パン、ご飯、うどんなどを収めています。

ジップロックで立たせる

肉や魚は、1回で使う量ごとにラップでまとめてから、ジップロックに複数個入れて冷凍しています。こうすると匂い移りを防げるだけでなく、庫内に立たせて保存することができます。すべてが縦に並んでいると、何かの下敷きになって迷子になることがありません。ジップロックに内容と冷凍した日付を書いておけば、管理にも便利。

冷凍食品は
3つずつまとめる

夫のお弁当作りのため、冷凍食品を2〜3種類ストックしています。開封したまま3種類ずつまとめてジップロックに入れておくと、いっぺんに出せる上、複数個まとめて一度の開け閉めで済んでしまいます。

野菜室の中

野菜室でも、大切なのは一覧性。浅い引き出しの下は、野菜を隠してしまうのでなるべく使わないようにしています。引き出しの上には丸いモノ、薄いモノ、下の手前には背の高いモノなど、形状に合わせて収納しています。ひと目で見渡せれば、献立も思い浮かびやすく、よりたくさんの野菜を使って料理することができます。

野菜はすぐにジップロックへ

買ってきた野菜や果物は、すぐにジップロックに入れて冷蔵保存します。そのまま野菜室に入れるよりも、数倍鮮度が長持ちすると実感しています。ジップロックのおかげで野菜を長く保存できるようになり、野菜ジュースを作って飲む習慣もつきました。

下ごしらえがズボラに効く

野菜をまとめて切っておき、ポリ袋に入れて保存。ブロッコリー、アスパラ、オクラなどは茹でてから保存しています。キノコ類は茹でて塩をふり、ジップロックに入れておけば保存食に。急いでいる時、疲れている時、とにかく料理が面倒な時、こんなちょっとした下ごしらえにとても助けられます。

column ② 薬箱の中身

薬を、見つけやすく、飲みやすく

常備薬や処方薬、マスクやのど飴などのヘルスケアグッズは、ひと目で内容がわかり、取り出しやすく収納しておくことが求められます。なぜなら、急ぎで必要な場合や、外出する時に携帯することが多いからです。いざ必要な時に「あの薬はどこ？」と探し回ったり、使おうとしたら「ない！」とならないよう、救急箱の全容を把握しやすく工夫を凝らしています。

台所に配置してある無印良品の収納ケースの、ひとつの引き出しを薬専用にしています。シンクが目の前にあるので、水をくみ、すぐに薬を飲むことが可能に。薬の箱を立たせて入れたり、マスクなどの薄手のシート類を自立させたりしているので、中身も一目瞭然。必要なモノを取り出しやすいのです。

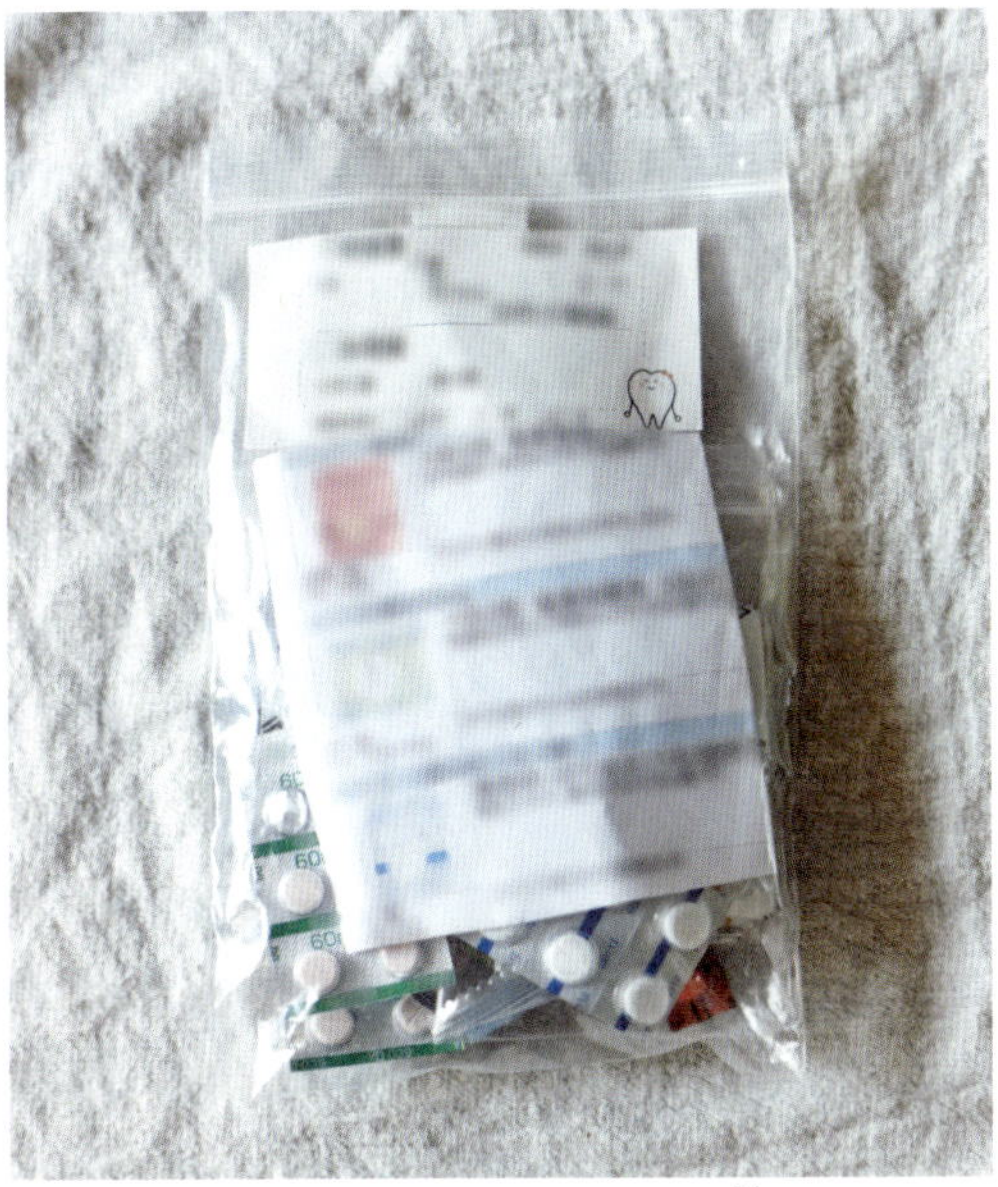

病院で処方された薬は、すべて飲み切ることなく余《あま》る場合があります。その余った分が溜っていくと、収拾がつかなくなるので、薬と処方箋をまとめてジップロックへ。体調を崩した時は、処方箋と照らし合わせて、効能の合うモノを取り出して飲んでいます。

使用頻度が高い頭痛薬は、飲むたびに箱から取り出すのが面倒。そこで、箱から出し、1粒1粒カットしてピルケースに入れるようにしています。さらに、ケースに薬の名前をラベリングしておけば、何の薬かパッとわかるので、迷いません。

紙製のファイルボックスをカットして、薬を箱ごと立たせて入れています。これをそのまま薬専用の引き出しに入れれば、個々の薬が倒れて入り乱れるような事態に陥りません。

常に飲んでいるサプリメントや、その時服用している薬は、ウォーターサーバーの上に置いておくように習慣づけています。近くに飲料水があり、目に入りやすい場所なので、飲み忘れを防げるのです。日常の動線上で必要なものを飲むことができ、時短につながるという利点もあります。

4

ムダを生まない暮らし

持っていたことを忘れて、また買ってきてしまった。
使いもしないモノを、買ってしまった。
まだ必要ないけど、早めに買っておいた。
日常にありがちなそれらは、
想像以上に大きなムダを生みだす要因。
ムダを出さないちょっとした心がけが、
暮らしを軽やかに、豊かにしてくれます。

片付けられなくて困っている方の、その原因の多くは、モノをたくさん持ちすぎていることにあります。

どんなに収納を工夫しても、ぎゅうぎゅうにモノが入っていれば取り出しにくいし、しまいにくい。結果、元の場所にモノを戻せず、部屋がなかなか片付かないのです。

モノがぎゅうぎゅうに入っていることの大きな弊害は、「片付かない」だけではありません。量が多すぎて持ち物を把握しきれず、何が家にあるのかを忘れてしまうのです。忘れてしまえば、それはないのも同じ。再びお店に行って、同じモノを買ってしまう「二重買い」が生じます。同じモノをふたつ持っていれば、単純に物量は倍になり、さらにモノは溢れていきます。当然、かかった金額も×2となり、家じゅうの二重買い、三重買いを見積もれば大きな「お金のムダ遣い」となるでしょう。

さらに、片付いていないがために、使いたいモノがすぐには見つけられません。あっちかな、こっちかなとウロウロし、開けたり閉めたり、家族に聞いたり。そこには探すための「労力」と「時間」、またやりたいことにすぐに取りかかれない「ストレス」までもついてきます。

そもそも、持っているたくさんのモノの中身は、すべて使っている〝必要な〟モノなのでしょうか。多くの方は、実は必要のないモノに「スペース」を奪われています。そしてそのモノたちは、最初は使

ストックは入るだけ

缶詰やレトルト食品など、食材のストックはこの引き出しに入る分だけと決めています。いくら安売りしていても、量が増えすぎて把握できず、食べることなく廃棄となれば浪費でしかありません。

っていたけど徐々にいらないモノになったのでしょうか？　実は、買った時点までさかのぼれば、買うこと自体が不要だったモノではないでしょうか。

本当は必要ではないモノを買ったムダが、「お金」「労力」「時間」「ストレス」「スペース」を侵食し、「二重買い」を生んでさらに片付かない部屋をつくりだしてしまう。

そう、**片付かない部屋の根源は、収納が下手だったのではなく、家主がだらしなかったからでもなく、買う時に「本当に必要だったのか」を見極めなかったことにあるのです。**

この無意識に行なわれているムダのスパイラルは、モノを買う時の心がけから変えなければ終わらせることはできません。日常に埋没しがちな負の連鎖ですが、これが取り除かれれば毎日の暮らしがどれだけ軽やかになることか。生活のムダは意識を向けていないと気付かないことが多いもの。賞味期限の切れた商品を捨てるという段階になって、やっとわかるのです。

まずは、ムダな買い物をしていないか、家にあるモノ（とくに物量の多い収納内）を思い返してみてください。持ち物の少ない人で、収納に悩んでいる人はあまりいません。

ケア用品には開封日を書いておく

開封した日付を書いたラベルを貼っておくと、使い終わった時に自分の消費ペースを知ることができます。また、鮮度確認にも便利。やたらとストックを買わなくなります。

ストックを見直す

洗面所から、びっくりするような数の洗剤が出てくるお宅がたくさんあります。「うちはそんなことない」と思う方でも、それはしまってあるからよく見えないだけ。出してみたら柔軟剤ばかりが7つもあった！というお宅もありました。

これは、ストックの持ち方にルールを決めていないがために生じること。ドラッグストアに行くたびに、「安いし、買っておけば安心」という意識だけでなんとなく買ってしまっています。増えるたびに薄れる「いくつ持っている」という認識。洗面所の棚のスペースはストックに占領され、有効に活用することが難しくなっています。

食材に関しても同じです。食べ切れずに賞味期限を迎えてしまうレトルト食品やお菓子、麺類などがどれだけあることか。いくら安かったとしても、どれだけお店で惹かれたとしても、食べなかったのならムダにしかなりません。お金と、作った人の労力や材料をどぶに捨て、ゴミを増やすだけなのです。

自分の家にはどれだけの量があれば足りるのか。**消耗品の消費ペースをきちんと把握し、保管場所を省《かえり》みた上で買う習慣をつけることが大切です。**私の家では、掃除用洗剤類のストックはひとつだけと決めています。ストックを使ったら、また

衣類を最後まで利用する

古びて処分となったTシャツやカットソーは、ハサミで小さくしてウエス（使い捨てぞうきん）にします。ソックスはそのまま手にはめて、拭き掃除に使います。アルコール除菌剤をつけ、トイレ掃除にも。


ひとつ買い足すという、至ってシンプルなルール。買い忘れたら不安という人もいますが、今のご時世だいたいの場所で、必要なモノがすぐに手に入る環境です。スペースが限られているような住宅環境にお住まいの方ならなおさら、切らしてしまったら買いに行けるような立地にお住まいだと思います。ストックしておく分の家のスペースをお金に換算したら、安売りで得した分より大きい額かもしれません。

　たくさんストックできるスペースを持っている方であっても、自分で管理できる量をきちんと機能させられる状態でキープする必要があります。その労力は、量が増えるごとに大きくなるものです。

不足から始める

　結婚してこの小さな家に住み始めた時、「モノが入らないからといって、収納家具を買い足すことだけはしない」と心に決めていました。なぜなら、いくらモノをしまうことができても、家の中で家具が幅を利かせている状態が好ましくないからです。私たちが豊かな気持ちで寝食をし、ゆったりとくつろぐためには、狭くても圧迫感のない部屋であってほしい。

　この家は狭いため、モノがひとつふたつ増えるだけで、その存在がとても大きく感じます。だから簡単には家にモノを入れません。例えば「とんかちがなくて棚をつけられない」と思っても、その一瞬のために買ってくることは決してしません。身近で貸してくれる人はいないか、と考えてやりくりします。「ほしい」と思ったそばからモノを買っていけば、家の中がモノで溢れるのは当然だからです。

　私は、3回「ほしい。必要だ」と思って初めて、モノを買い求めます。それも、自分の用途にぴったりと合い、かつ使い回しが利き、買ったその日からうちの中の戦力となる、丈夫で長く使えるモノを探しに行きます。理想の一品に出会うまでは、不便でもだましだましでも、妥協せず探し続けるのです。ここで**適当に選んで買ってしまうと、しっくりこないモノと何年も付き合わなくてはなりません**。それは、自分の暮らしたいさまとは違うからです。

　今、たくさんのモノをお持ちで悩んでいる方は、一度数を減らして暮らしてみてください。すぐに処分しなくても、ちょっとの期間、段ボールにしまっておくだけでも試すことができます。例えば、使っ

服を増殖させない仕組み

靴下を放り込んでいるホルダーは、ぎゅうぎゅうに入れてしまうと履きたいモノが取りにくくなります。必要以上の数を持ってしまいがちな靴下やインナーなどは、限られたスペース内で管理すると増やしにくくなります。

忘れなければ、出先で買わずにすむ

玄関の前に吊るしてある、「夫のポケットの中身入れ」カゴ。帰ってきたらここにすべてを出し、出かける時にすべてを入れるので忘れ物をしません。ライターを持っていき忘れては出先で買い、家に何本もあるというようなことがなくなりました。

ていない道具を隠す。コップ4つだけ残して、ほかは隠すなど。

棚にたくさんのコップが入っているのは、それが当然とどこかで思っているから。でもその**「自分の中の常識」は、本当に必要な常識なのかと疑ってみることも必要です。**「自分で決めた常識の数」よりずっと少ない数でも、きっと問題なく生活できるはずです。

しかも、少ない量で暮らしを回すことは、使う時に「コレ！」と選びやすく、取り出しやすく、しまいやすいことを実感していただけると思います。

欲に負けて増殖する洋服たち

服好きな人ほど陥りやすいのが、クローゼットに収まりきれなくなるほどの洋服の増殖です。増殖といっても服が自然に増えるわけはなく、間違いなく自分が次々に買っているのです。しかも、服が好きなだけに簡単には捨てられない。

ここで生じるのが、**「服が多いほどコーディネイトがしにくくなる」という矛盾。**どんな服を持っているのか思い浮かばず、手前にあるモノばかりで回しているなど、コーディネイトに幅が出ません。**把握しきれないほどの量の服を、機能的に回すことは至難の業《わざ》です。**

これもやっぱり、買う時の意識が重要なポイント。「可愛い」「ほしい」と思っただけで買っていけば、せっかくの服を使い切れません。ここで一度冷静に、似たような服を持っていないか、しまう場所はあるか、自分の手持ち服に合わせられるかを、じっくりと考える必要があります。「ほしい」という気持ちを断念して、家に帰るのはつらいことです。多くの人はそれがイヤで服を買っている気がするのです。**モノではなく、欲に負けている。**私もかつてはこうして安易に服を増やし、失敗した経験を重ねてきました。

そこで私は衣替えの時などに、自分の服をすべて出して、アイテムごとに数をかぞえ、どんなものをどれだけ持っているか把握し直すようにしました。時間のある時にひとりファッションショーをし、コーディネイトの開発をすることも。こうすると、自分に必要な服は何か、どんな服が便利に着回せるのか、逆にどんな服は着にくいのかを知ることができます。

必要だと思った服は、事前にリサーチしてから何店かあるなじみのお店でチェック。十分に着回せると判断したら、買うようにしています。もちろん、いくらお店を回っても、目的の服に出会えないことも。こんな時、ちょっと視界に入った可愛いと思う服を買って帰りたくもなりますが、そこはグッとがまんします。そしてデパ地下に寄り、おいしいあんぱんを買って気持ちを鎮《しず》めるのです。

長い目で見る

洗面所の整理収納のお手伝いをすると、すごい量の美容ケア用品が出てくることがしばしば。その中には使いかけのまま忘れられ、何年も放置されているようなものも発見されます。そんな液体を、洗い上がりの肌につけたいと思えるでしょうか。

世に数多《あまた》あるスキンケア、ヘアケア、ボディケア用品……新商品が出るたびに導入していれば、増えていくのは当然です。美容液などはとくに、すぐに使い終わるものではないので、中途半端な量の容器が収納に林立しがち。しかも値段が張るものだけに、簡単には捨てられません。

とはいえ、シミができた、髪がパサつくなど、新たな悩みができると新しい商品にすがりたくなるものです。それでも先を長い目で見て、今のモノを使い終わってから新しいモノの封を開けるようにしたい。

安売りだからと通販などでまとめ買いする人もいますが、家で寝かせている間に商品はどんどん古くなっていきます。長い時間をかけて使っているうちに、こちらの肌や髪質が変わってくる可能性もあります。

慎重に選び、1本を大切に使い切る。買う時にはこれまでの自分の習慣や収納内を振り返り、「今家に何があるか」「使い切れるか」を考えることが必要です。

モノを「買う」ことは、「収納すること」に直結します。収納は望むような暮らしの場を整える行為。つまり買い物は、どんな暮らしを望むのか、どんなふうに生きたいのかにまで結びついています。ムダを出さないためにも、買う時は真剣にモノと対峙するべきなのです。

調味料にも開封日をラベリング

美容ケア用品と同様に、自分の家庭の消費ペースを知ることができます。「1カ月でこれぐらい使う」とわかれば、ストックを買うタイミングも明確に。むやみに買い足して収納スペースを圧迫することがなくなります。

冷凍食品には凍らせた日付を

食材は、「ムダゼロ」が目標。肉や魚は、冷凍しても2〜3週間以内に使わないと風味が著しく落ちてしまいます。日付を書いておけば、うっかり使い忘れることもなく、なるべく早く消費するようにメニューを考えることもできます。

調味料は小さいサイズを

ふたり暮らしの我が家では、マヨネーズやケチャップなどの調味料は小さいサイズで間に合います。手のひらサイズのこちらを、1カ月くらいで使い切ります。どの調味料でも、使う以上のサイズで買うと、腐らせてムダにしがち。

column ③ 持ち歩くモノ

ポーチ、財布の中は必要最低限のモノだけ

化粧直しのパウダーやチーク、ハンドクリームを収納するポーチ。現金のほか、カード類をまとめて入れる財布。そんな、“持ち歩くモノ”を収納するアイテムについて、お話しします。出先に携えていくものなので、その中身は少数精鋭であることが基本です。家の外でもしっかり役目を果たしてくれるような、頼れるモノを厳選。バッグの中で場所を取らないようにまとめれば、外出を身軽に、ストレスなく楽しめます。

最低限の化粧品とケアアイテムを入れているポーチ。本当ならこれすらも持ち歩きたくないのですが、どうしても必要になるケースがあるのでバッグに入れます。持たずに出先で買う羽目になると、モノを増やしてしまうからです。まず、ドライアイなので目薬は必携。血色よく見せたいので、チーク（エテュセ）。テカってしまった時のパウダー（イプサ）。頭痛薬、胃腸薬、バンソウコウはまとめて無印良品のケースへ。ハンドクリーム（マークスアンドウェブ）は冬場に、夏は日焼け止めパウダーに変わります。

財布の札入れがセパレートになっているので、紙幣とレシートを分けて入れられ、レシート整理に役立ちます。小銭入れとポケットのすき間には、“隠れ1,000円”を常備。駐車場の支払いの時にかなり助けられます。カード類は、手前のポケットにクレジットカード2枚、次にキャッシュカード2枚、その次にポイントカード類、一番奥に保険証と免許証。使用頻度の高いカードから手前に、と決めています。ポンタカード、クリーニングの会員証など、ポイントカードは生活に密着していて、日常的に使うものだけを入れています。

5 時間と頭を「見える化」する

「時間」や「すべきこと」などは暮らしの中でとても大切なことですが、目に見えるものではありません。これらを「見える化」すると把握しやすくなり、ムダなく効率的に進めることができます。

私がこれまで「見える化」について推奨してきたのは、主に収納に関してでした。収納では、モノを見渡せるように収める、中が見えるモノに入れる、ラベルを貼って中身をわかりやすくするなどの「見える化」が大切なのです。結局のところ、**見えないモノは存在感が薄れ、そこにあることを忘れてしまいがち。**忘れてしまえば、買ったこともムダになってしまいます。

それと同じように、目には見えない「時間」も、うっかりムダにしてしまいがちなモノ。「時は金なり」といわれるほど大切なモノなのに、ついダラダラと費やしてしまいます。それを痛切に感じたのは、この仕事を始めてからでした。

以前、会社勤めをしていた時は時間の管理がしっかりしていました。9時までに出社して19時頃に退社するのが、いわゆる定時。それが今では、主婦兼自営の整理収納コンサルタントとして、すべての時間を自分でコントロールする必要があります。

いつどれだけ仕事をしてもいいし、いくらでもサボれてしまう。定められたボーダーラインがないために、油断するとつい漫然と過ごしてしまいます。これでは家事の時間も、趣味の時間も減り、仕事にまで悪影響が及びかねません。適切な時間内で集中し、力を発揮するための**「時間を制する」**術《すべ》が必要であると感じました。

そのために、まず時間を可視化することで、時間の経過を把握しようと考えました。何らかの作業にあたっている時間、タイマーをかけることにしたのです。

例えば、もう秋だというのに扇風機がそこに出ているとします。「洗って押し入れにしまわなくちゃ……面倒……」と思いながら作業を先延ばしにしてきた結果です。そんな時、タイマーのカウントアップ機能を使って、計りながら取りかかってみます。扇風機の羽根やガードを外して水洗いし、洗えない場所は水拭きをする。複雑な形状ゆえ洗うのに気おくれしていましたが、計ってみれば、かかったのはたったの8分でした。

細川さんに
TVボード案
3 MARCH

こうして時間を「見える化」してみると、わずか10分間でもできる家事がいくらでもあることに気がついていきます。面倒だなと思っている家事、例えば掃除や食器洗いにかかる時間を一度計ってみてください。たいていのことは10分やそこらで終わります。

時間が見えていないと、ちょっとした雑務も大変に思えて、取りかかるのが億劫《おっくう》に。でも10分もかからずにできると知っていれば、「イヤだな」という渋る気持ちが起こりにくい。時間の感覚が身についていることで、集中してさっさと終わらせてしまおうと思えます。

1日が24時間なのはみんな同じ。ここに、寝る時間、炊事をする時間、仕事をする時間、本を読みながらくつろぐ時間……とどれだけうまく収めていけるか。時間の使い方も、収納と同じのような気がします。**上手に時間を収めて、やらなくてはならない雑事を未来に山と残さなければ、やたらと忙しく感じている日々も落ち着きを取り戻すのではないでしょうか。**

頭の中を見える化

「なんかやる気がしないな」と思う時、その原因はたいてい見えていません。なんとなく、もやもやして仕事や家事に取りかかれない。なんでもやもやしているんだろう？と考えるより私は、「やらなければいけないこと」を書きだすことにしています。

もともと私は、書くことで頭を整理するのが好きなたち。学生の頃は授業で取っているノートとは別に、要点を書きだしたノートを作っていました。文字だけでなく矢印やマークを利用して、図解的に全体を把握できるように工夫。このことは、大人になった今でも日常や仕事で使える方法だと思います。

やらなければならない仕事や雑事を、小さなことでもいいからすべて書きだしてみる。問題が実際の目に「見える」と、頭の中が整理され、落ち着いてすべきことに着手できます。例えば私は、「シーツを洗う」「郵便局に行く」「メガネを修理に出す」など、うっかり溜めがちな雑事をまとめて、大きめのふせんに箇条書きします。そして用事を済ますごとに、チェックを入れていくのです。

どんな小さな雑事でも、書いて、こなして、消すことが目に見えるので、達成感が得られます。「今日一日、これだけのことをやれた。私はエライ！」と自分を褒めて明日への活力にできるのです。**日常のささいなことも、クリアしていくゲーム感覚にすれば達成できるし、楽しめる。**

また、より効率よく雑事を済ませられるのもメリットです。書きだして視覚化していることで、郵便局に行くついでにメガネ屋に寄って修理に出せるな、などメモを見ながら考えられる。**最小限の時間で、最大限の効果を発揮できるよう時間を「使う」ためには、使う内容を可視化しないと難しいもの。**

そして「見える化」できることは、雑事にとどまりません。私は将来自分がどうなりたいか、何をしたいかと悩んでいた時に、思いついたキーワードや、関連する情報をふせんに書いて手帳に並べていきました。すると頭が整理されて、行きたい方向への道筋がすうっと浮かんできたのです。「自分はこうなりたいんだ。だから次にこうすべきなんだ」とやるべきことがわかってきました。

大きくも小さくも、頭の中にある〝もやもや〟の「見える化」は、日々の生活、ひいては人生に大きく貢献してくれます。

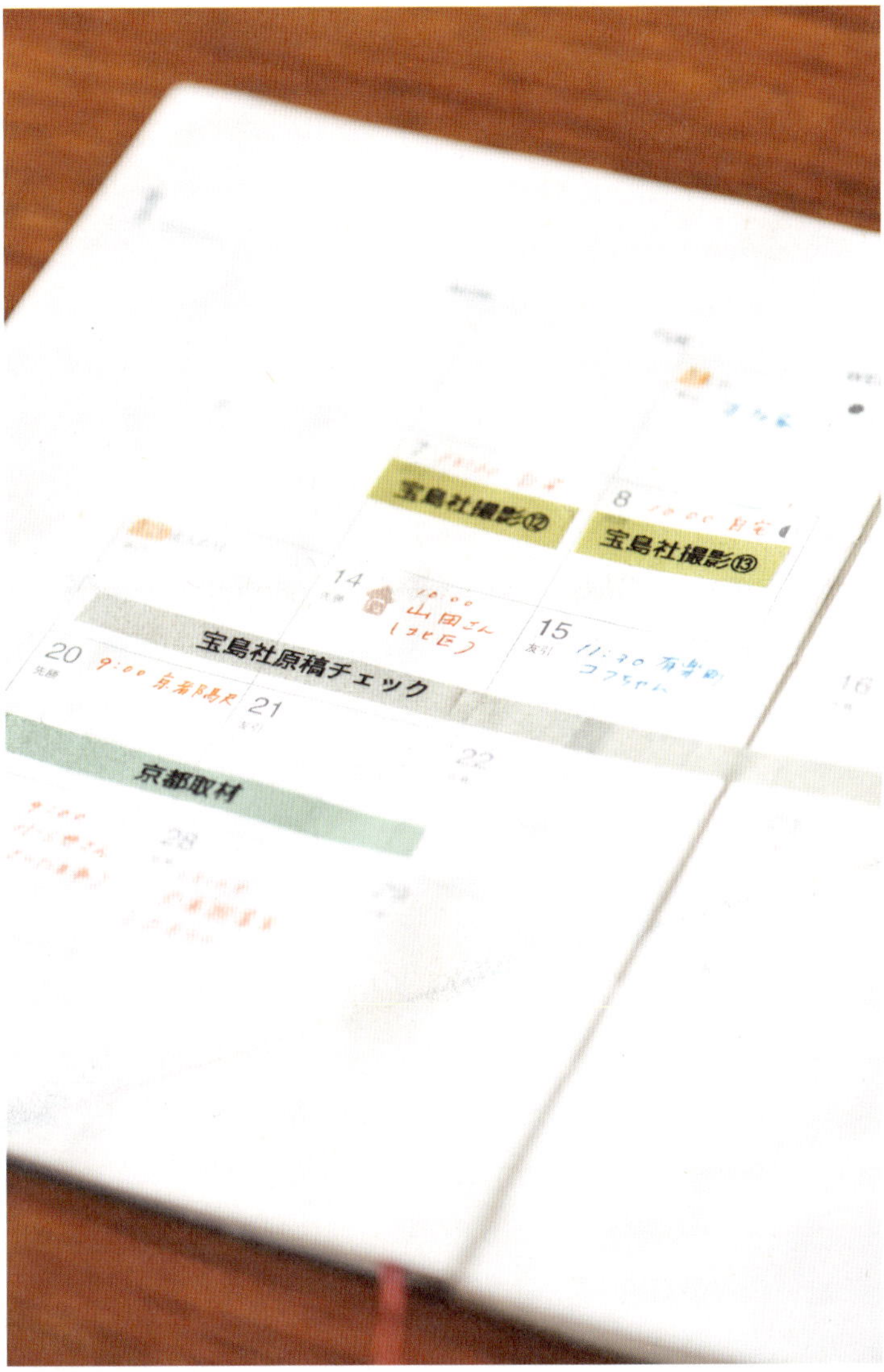

マステでスケジュール管理

日にちをまたぐようなスケジュールは、手帳上にマスキングテープを貼って書き込みます。「この時期はずっと出張だ」とわかりやすく、予定が変更になった場合も移動させやすいのがメリット。貼りはがしの自由なマスキングテープは、手帳カスタマイズの強い味方です。

「見える化」するためのツール

目に見えない「時間」や「用事」を可視化することで、1日をより効率よく過ごすことができます。そのために便利なツールをご紹介。身近なもので、簡単に試せます。

タイマーをかける

掃除や仕事上のメール返信など、取りかかるのにちょっと気合が必要な事柄は、かかる時間をストップウォッチ機能で計ってみます。やってみれば、意外とあっという間に終わるもの。その時間がわかれば、次回以降取りかかる際のハードルが下がっているはず。タイマーで目標時間を設定して、「これまでに終わらせるぞ」とモチベーションを上げるのも効果的。

22時に終業ベル

フリーランスの生活を律するために、22時を終業時間と決めて毎日アラームが鳴るようにiPhone上で設定しました。学校のチャイムのように時間感覚がついて、1日の時間配分ができるように。正直、仕事が終わらない日もあるけれど、アラームが目安になり、いつまでもダラダラやることを防いでいます。

色でスケジュールを把握

カレンダーアプリ「Lifebear」を活用しています。整理収納サービスの日、打ち合わせの日など、項目によって色を分けて保存。作成したスケジュールは、iPhoneのロック画面に設定しておきます。パッと見て予定が把握できるので、日程を相談された時など手帳を取り出すよりも素早く対応できます。

TODOリストはふせんに

ふせんは、思いついたら気軽に、ざっくばらんに書けるのがいいところ。この日は仕事と家事とで分けて、今日すべきことを書きだしました。用事を済ませたらチェックして消していき、最後に「おつかれさま！」「がんばった！」という感じでポイッとゴミ箱へ。

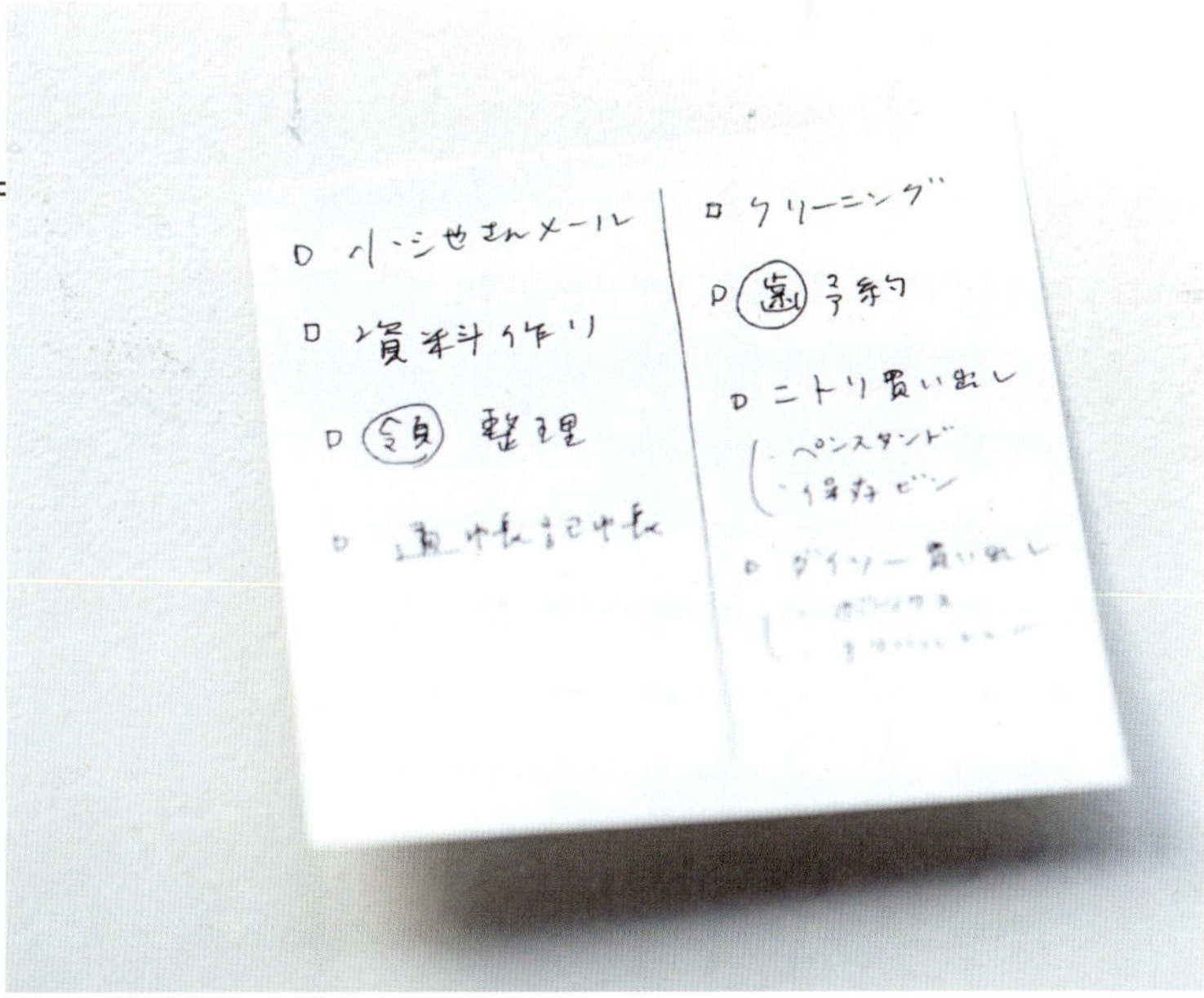

6 瞬発力を鍛える

今こんな服を手に入れたい、
出先で心惹かれる喫茶店に入りたい――
自分の望む行動にすぐに移れる
「瞬発力」をつけるため、
それにつながる「情報のストック」をしています。

「したい暮らし」や「ありたい自分」を本当に叶えてくれるモノは、容易には見つけられません。例えばそれは、器であったり、洋服であったり、本であったり。もちろん、パソコンやスマートフォンを駆使して下調べをすることはできます。偶然目にした雑誌で、見つけることもあります。けれど自力で探せる範囲には、限りがあるのです。

さまざまな情報源の中で、私が最も信頼し、期待するのは友人からの口コミです。「あのお店知ってる？　あなた好みのテイストだったよ」「この映画すごくよかったよ」など、私のことを知った上ですすめてくれるのですから。教えてもらった瞬間から期待で胸が高鳴り、お店であれば実際に訪れてみるまでの時間をも楽しむことができるのです。

友人から得た情報も、自力で見つけたものも、忘れないうちにふせんに書いて手帳に貼ることにしています。情報は、引き出したい時に引き出せなければまったく意味をなしません。「今度行くエリアに、たしかパイがおいしいという店があったな……」という時、手もとに情報が記されていれば活かすこともできますが、頭の中だけに留めていてド忘れしてしまっては行くことができません。**〝行きたいと思って〟得た情報は、実際に行くことを想定してストックする必要があるのです。**

いつも持ち歩いている手帳やスマホに情報をストックし、「そういえば」という時、すぐに引き出せるようにしておくこと。行動に瞬発力がつき、機会を逃さず自分のしたい行動に移るための大切なポイントです。

冷蔵庫を掲示板に

好きなお店に置いてあるDMは、そのお店と同じようなセンスの催し物であることが多々あります。目につくところに貼っておけば夫も見るので、「週末に行こう！」などとスムーズに決めることができます。

手帳の中の「WANTリスト」。泊まってみたい宿や、行ってみたいショップは地域ごとにふせんに記して。ほかのページには、本や映画のタイトルが。「伊豆に行くから、ここに寄ろう」「TSUTAYAに来たから、友だちのおすすめを借りよう」と瞬発力を発揮できます。情報をまとめたり移動させたりするのに、ふせんはとても便利。とはいえ、ぺらぺら浮くのが気になるので、今度から全面粘着ふせんを小さく切って使ってみようかと思案中です。

関東近郊
野尻湖 エルボスコ
日光イン
コルテラルゴ伊豆高原
千本松 沼津倶楽部
美ヶ原温泉 すぎもと
山水閣（那須）
東府やResort
九州

2点を結ぶ、線上に

仕事などで出かける時は、「せっかくそっち方面に行くのなら、帰りに珈琲豆を買えるお店がないかな」と下調べをします。訪問先が遠方なほど、「収穫なしでは帰らないぞ」と気合が入る。自宅と目的地の2点を結ぶ線を、ただの移動で終わらせたくはないのです。仕事でいくら疲れても、ただまっすぐ帰るより、新たな発見がある方が嬉しい。**同じ道のりなら、「帰宅」と「発見」の両方が含まれていてほしいのです。**

そうやって寄ってみたお店が素晴らしければ、私の中のストックがまた増える。この積み重ねで、「あの辺に行くならあの店に寄ろう」「こういうモノがほしければ、あの土地に行こう」と行動の幅と深度が大きくなっていきます。刻む時間が同じでも、密に過ごせる割合が大きくなっていく。

線上に何も見つけられない時は、よくドライブインのスターバックスコーヒーに寄り道していきます。車移動の多い私にとって、街道沿いの駐車可能な休憩スポットは貴重な存在。知らない土地で車を停めて休める所を探すのは、なかなか難しいものです。こちらでは持参のパソコンを広げ、メール返信や資料作成などの事務作業をこなします。このメリットは、家でやるよりも集中できることと、知らない場所のわくわく感が味わえること。一度利用して良かった店舗も、「この辺ならここで休憩可」情報といてストックされます。

情報が行動を誘い、行動がまたさらに情報を呼び込む。データと知恵が蓄えられて、時間を密に使う術が増え、暮らしを豊かにしていってくれると感じています。

情報収集の応用編

今や、情報収集の主役であろうパソコンやスマホ。私の検索方法は、「画像検索」がメインです。例えばどこかに遠出するとなったら、「○○（地名）／器」などのざっくりとしたワードで、画像検索をします。すると関連する画像が、画面上いっぱいに並びます。そうすると、その中で自分が引っかかる好みの雰囲気のものに目がいくのです。それをたどっていくと、気になる器作家さんの名前や、センスのよさそうなお店、面白そうなギャラリーの情報を得られることも。ほかにも家具や服、カフェなどのお店を探す時も、画像検索は便利です。

また、そうやって検索で見つけたり、知り合いに教えてもらって見に行く展示会も情報収集の場に。器や雑貨など暮らしに関する展示会を訪れることが多いのですが、記名して住所を書けば、以後イベントのお知らせを送ってくれるのです。送られてきたDMの中

人のおすすめを試す

友人が教えてくれたカレーペースト「印度の味」は、とにかく簡単でおいしくて、今や我が家の必須ストック品。私の「料理したくない」気分も顔を出すことなくサッと作れます。“カレーといえば箱”の概念を打ち破ってくれた、友人がもたらした暮らしの新風です。

から、また興味のあるイベントを訪れれば、また新たなお店や作家さんを知ることにつながります。

ギャラリーで得られる情報はそれだけでなく、作家の方とお話ができれば作品にまつわるエピソードが聞けることも。気に入った器について、「この色味だから、このカーブの表情が生まれるんです」などと聞くと、愛着が倍増しになります。家で使うたびにそのカーブを愛《め》で、大切にしようと思える。その道のプロから聞ける作品の話、おすすめのお店、意外な生活の習慣など、勉強になることばかりです。

そして、生きていく上で、自分を変えるような大きな刺激と情報をくれるのは、やはり「人」だと思います。それを実感したのは、「Mugs」の井上さんとの出会い（124ページ参照）。それまでの私は、保守的で地元を出る気もまったくなく、今いる安寧《あんねい》な場所で穏《おだ》やかに暮らせればそれでよいという人間でした。大学進学で仕方なく都内に出て、バイト先のオーナーである井上さんに出会い、人生が大きく変わったのです。彼が教えてくれたのは、お茶の時間の素晴らしさ、身軽に旅をする方法、モノの見方、自分から求めれば楽しいことは連鎖していくことなどなど。

地元を出ていなければ、一生話をする機会もなかったであろう井上さんとの出会い。世界にはいろんな人がいて、いろんな選択肢がある。**自分の思いつく道には限界があって、「こっちもいいよ」と教えてもらうことがどれだけ価値のあることか。**

人との出会いは、何よりも大きいブレイクスルーのきっかけになると思います。

共有して、つながる

私には、**「情報を得るためにアンテナを張り巡らせ、いい情報を選択して実行に移し、私好みの情報を魅力的な言葉で教えてくれる」**奇跡のような親友がいます。彼女は私の〃アンテナの先輩〃。会うたびに、時には手紙で、良質な情報をくれるのです。もちろん、私はすかさずふせんにメモして手帳にぺたり。

実際にすすめられた店に行ったり、本を読んだりしたら、感想を彼女にフィードバックすることも忘れません。「よかったよ〜、教えてくれてありがとう!」と伝えることで、共感が生まれ、情報を共有している絆《きずな》が生まれます。さらにお互いの好みのポイントに詳しくなって、信頼関係が深まるのです。

私も、素敵なお店や面白いイベントを見つけた時は、「この情報、喜ぶだろうなあ」という人に伝えるよう心がけています。友人が多い方ではないけれど、狭くても深い人間関係を大切にしたい。人に提案したいものがあるということは、絆を深めるきっかけを持っているのと同じです。**情報をあげられるということは、相手のことを考えている表れでもあると思うのです。**

最近、友人から「『印度の味』っていうカレーペーストがいいよ」と聞き、スーパーで見かけた時に買ってみました。すすめられていなければ、決して手に取ることはなかっただろう瓶詰めのカレーペースト。実際に試してみたら、本当においしくて、しかも調理が簡単。すぐに、うちの食卓にしばしば上る定番メニューになりました。暮らしに新しい風を取り入れ、新しい習慣につながることすらある、自分の興味の方向だけでは見つけられなかったであろう情報。人からもらった情報で知る世界は、とても魅力的です。

豊かな人生を紡ぐための、瞬発力

興味の方向にアンテナを張って、「情報をストックする力」を高めていくことが、私の生涯の課題だと思っています。使いたい時に、必要なモノ(情報)をさっと取り出せるようにしておくという点は、理想の収納と同じこと。**サッと行動に移れる瞬発力が、望むような人生を送るための力になる。**ま

おすすめの愛読書

大好きな歌人・穂村弘さんのエッセイ『現実入門』『蚊がいる』。「Mugs」の井上さんから教えてもらった小山薫堂さんの『考えないヒント』。向井邦雄さんの『極上の接客』は、対お客さまの仕事をしている方におすすめです。『東京うつわさんぽ』は器への思いを馳せるのにぴったりの良書。この場をお借りして、最近の愛読書を紹介しました。皆さんの心に響くものがありますように。

た大切な人に情報を提供することで、豊かな暮らしが共有でき、人間関係をよりよくする力にもなっていく。

年齢を重ねても魅力的な人は、フットワークが軽くさまざまな所に顔を出している印象があります。そして新しいことも、厭《いと》わずに取り入れている。**2点の間の線上に、いかに面白いものを見つけていくかというスタンスで見ると、仕事帰りも人生も同じです**。生まれてから死ぬまでの、2点の線上を、どれだけ楽しみ尽くすか。限られた時間をムダ遣いせず、見たいものを見たり、食べたいものを食べたり、自分の欲求にどれだけ素直になれたかが、悔いのない人生に繋がるのだと思います。

そのために鍛えておきたいのが、瞬発力なのです。

7 暮らしのお楽しみカタログ

日々を彩る、
私の場合の「お楽しみタイム」をご紹介。
ちょっとしたアイデアで、
暮らしはぐんと豊かになっていきます。

旅行やレジャーで、パーッと日々の憂《う》さを晴らす方は多いかと思います。私も旅行は好きですが、暮らしの外に出なくても、暮らしのうちだけで楽しみを見つけることができるはず。年に数回のパーッとより、日常の中に小さなお楽しみを見出したいと思うのです。

例えば、コーヒーは毎回おいしく飲みたい。ほんの些細《ささい》なことですが、その時間は私にとってかけがえのないものです。だから、コーヒー豆はなるべく焙煎したてのものを少量ずつ買い、淹れるごとに豆を挽いています。一番ラクなのは、お湯で溶かすだけのインスタントコーヒーを、補充する手間がかからないよう大容量で買ってくることかもしれません。けれどコーヒー好きの私にとっては、**手間よりも、おいしいコーヒーを飲めるという対価のほうがよほど大きい。**ただ「コーヒーを飲む」という時間が、途端にキラキラと輝くのです。

そのコーヒーも、どうでもいいと思っているカップで飲むよりも、大好きなカップで飲む方が格段においしく感じます。そして散らかっている部屋よりも、きちんと片付いている部屋の座り心地のいいソファで、グリーンを眺めながら飲む方がずっと幸せ。

こんな具合に、暮らしをかたどる「モノ」「場所」「習慣」に妥協をせず、追求していきたいと思っています。ちょっとした心がけで、過ごす時間の質は変わり、暮らしが豊かになっていく。**暮らしのお楽しみは、「何かいいこと起きないかな」と受け身な態度ではなく、「こうしたら幸せなんじゃないか」と自ら能動的に得ていきたいものです。**

幸せの感度を磨く

日常のひとコマを小さな幸せに変えるのは、実は簡単なことです。

コーヒーを飲む、テレビを観るなど、自分の欲求に従って行動する時に「なんとなく」でやらないこと。「おいしいコーヒーを飲むんだ」とわくわくしながら淹れる。「ゴロゴロとドラマを観るんだ〜」と、満ち足りた気持ちでテレビをつける。自分の行動は、自分の意思で選んで決めたもの。自由時間としたのならなおさら、特別感を持って過ごすと充実度が違います。

家が狭くても、自由になる時間やお金が少なくても、暮らしの中に自分を癒《いや》すような、心浮き立つ時間を散りばめることはできるはず。特別なことをしなくても、心の在り方次第で豊かな時間を持つことができます。

そして大切なのは、幸せの感度を上げるために場を整えておくこと。乱雑な環境では、「暮らしの中で本当に自分がしたいこと」が埋没してしまうからです。「本当はお菓子作りをしたい」や「本当は花を活けたい」などのお楽しみは、雑多な日常の中に組み込むのは困難なこと。

家を整えて、日常的に小さな幸せを感じられる空間にすることが、幸せな暮らしをつくる第一歩です。

お楽しみ①

お茶の時間にしよう

ガリガリと豆を挽くところから幸せが始まります。豆のアロマが部屋中に充満して、その香りの高さに気分も高揚。コーヒーを淹れていると、それを飲んでいる自分を想像してしまいます。「さぞかしいい時間が過ごせるんだろうな〜」とコーヒータイムの幸せをかみしめます。

打ち合わせや取材で来客が多い我《わ》が家。同じ湯呑みで揃えていませんが、どれもがお気に入りの品。「この器いいですね」「このお茶おいしい」なんて反応をいただけると嬉しくなってしまいます。

私は喫茶店が大好きです。以前は、行ってみたい店を巡って記録のノートをつけていたほど。お茶そのものも好きですが、なかでも、居心地の良さに興味津々でした。座り心地や日当たり、そして何よりも、「どうぞゆっくりくつろいでください」という空間づくりに興味がありました。

そんな心地よい空間を、家で実現できたならいうことなしです。自分で自分をもてなすように、机をきれいにして、読みたい雑誌を置いて、心を込めてお茶を淹れる。仕事の合間のひと休みや、晴れた気持ちのいい日を満喫するために。お茶に集中して、リラックスしたり、夫と語らったり。我が家にとってこんなお茶の時間は、日常に欠かせない大切な習慣になっています。

また、家にお呼びしたお客さまをもてなすのも楽しいもの。私の好きな暮らしを、お客さまにも味わってもらう感覚です。せっかく来ていただいたんだから、くつろいでもらいたい！と腕まくり。お茶をお出しする時は、おしぼりを添えて、お茶菓子は遠慮なく食べてもらえるようひとりにひと皿ずつ分けてお出しして。お菓子を真ん中にまとめて盛りつけておけば手間は少なくなるけれど、丁寧におもてなししたいという気持ちでこのスタイルが生まれました。

おしぼりも、ひとりにひとつのお茶菓子も、自分が出してもらったら嬉しいなというもの。お客さまに「居心地がよすぎて帰りたくない！」なんて言ってもらえた時は、おもてなしの甲斐があったと喜びもひとしおです。

お楽しみ②

ベランダカフェを開く

「今日は一度も外に出ていないな、せっかくいい天気なのに」という日に、ふと思いつくのがベランダでコーヒーを飲むことです。

コーヒー豆を挽いて、香りを味わって、お菓子をひとつふたつ。準備を整えたら、いざベランダへ。頬に風を感じ、ようやく外に出られた開放感を味わいながら飲むコーヒーのなんとおいしいことよ！

ただベランダで飲んでいるというだけで、すごく贅沢《ぜいたく》なことをしている気分に浸れます。そこから見える風景を眺めるのも楽しみのひとつ。散歩している人、犬を連れている人、子どもを自転車に乗せて走っているお母さん。若い人が行き来していると、この辺で働いているのかな〜、なんて想像を巡らせもします。

暮らしの中でホッとひと息つきながら、同じ町に暮らしている人々を見るのもまたベランダカフェの醍醐味です。もし都会に住んでいたら、暮らしの気配を感じるのは難しいのかもしれませんが、ここはほどよく生活の匂いが漂う郊外。近くに野球グラウンドがあるため、少年たちの声も聞こえてきます。我が家の前のお気に入りの風景を眺めながら、コーヒーだけでなく夕暮れ時ならビールを一杯。**一杯を飲み終えるまでの間が、日常の中のちょっとした特別な時間に変わる。**

こんな小さな特別を大切にして、日々を暮らしていきたいと思っています。

ボトルにコーヒーを入れておけば、2杯分のベランダカフェをいつでも楽しめます。時には夫も参加して、ふたりで外を眺めます。

お楽しみ③

ピクニックへ行こう

大学の時、友人たちと「ピクニック愛好会」なるものを勝手に作って楽しみました。シートを持って、ポットにお茶を入れて、時にはお香も焚《た》いたりして。その準備のよさから、友人から「ピクニシャン」の称号をもらったほど。

ピクニックはいわば、ベランダカフェの贅沢《ぜいたく》版です。寝っころがって、小鳥のさえずりを聞きつつ、梢の間から空を見る……。外での食事やリラックス時間は本当に贅沢な気分を味わえます。

近所の公園や、出先で見かけた景色のよい場所で、シートを敷いたらそれはもうピクニック。だから車には、レジャーシートがいつものっています。それに加えて最近の定番グッズは、アウトドア用の座椅子です。これに座ってボーッとすると、心身の疲れが癒《い》えていきます。

アウトドアといえばバーベキューやキャンプが定番ですが、そこまで大がかりな準備がいらないのがピクニックのいいところ。ひとりでも、大勢とでも。サラダをタッパーに詰めて、近所のパン屋やデパ地下なんかで食料を調達。お弁当を作らなきゃなんて、気負わなくたっていいのです。

休みの日に、夫と。子ども連れの友人が遊びに来たら。**「ピクニックしない?」と始まる気軽な贅沢。**好きなモノを食べたり、バドミントンで遊んだり、おのおのが好きに過ごします。私はついうたた寝してしまうことが多いのですが……。これも、たまらなく気持ちのいいものです。

活躍するGOODS

1

2

3

4

5

1. 夫とよく使う外遊び道具。フリスビーは10代の頃から愛用しているモノ。バドミントンは、私の十八番。部活でやっていたので、夫とラリーを続けるうちについ本気に。2. これも10代から愛用の、コールマンの起毛レジャーシート。肌触りがよく、裏面はしっかり防水加工されています。破れがあったり、バンドが伸びたりしてしまっているけど、数々のアウトドアシーンを共にしてきたので手放せない。3. snow peakの保冷バッグ。肩から下げられるので持ち運びしやすい。4. BOSEのスピーカー。普段は家で使っている「SoundLink」は、iPhoneの曲をBluetoothで飛ばして聴くことができます。5. DANA DESIGNのメルプチェア。座面に入っているクッションに空気を入れて使う、座り心地最高の座椅子です。

お楽しみ④

器を集める

雑貨店「小さい部屋」で出会った、夫婦茶碗。ここから「器」への愛着が始まりました。つらいのは、素晴らしいモノを見つけても、収納場所を考えるとなかなか買えないこと。使い勝手はいいか、出番はたくさんあるか、しまえるかなど、あらゆる方面から判断して家に連れて帰ります。

カフェ「kousha」に工房を持つ飯高幸作さんの豆皿。来客時、お茶菓子をぽつんとのせるのにぴったりです。素朴な白い塗りが、お菓子をより可愛く、おいしそうに見せてくれます。

以前の私は、器にそれほど興味がありませんでした。この世界への入り口となったのは、やはり師匠である「Mugs」の井上さん。バイト先にあったファイヤーキングのコレクションを見て、機能美のよさに感じ入ったのです。憧れて、マグカップやお椀などをささやかに買いましたが、ファイヤーキングは揃えにくく、コストもかかるのが難点。結婚して台所に揃えたのは、白一色で見た目がうるさくなく、割っても買い足すことのできる無印良品の食器でした。それまで、実家の食器に統一感が乏しかったことが気になっていたからです。

作家さんの作る器に興味が芽生えたのは「ご飯茶碗」がきっかけでした。米派の私にとってお茶碗は特別なモノ。それまで、小さくて持つと熱いお茶碗を使っていたのですが、「心からコレと気に入るモノ」に出会うまではと、気軽に買い替えられなかったのです。そして京都の雑貨屋さんで出会ったのが、今使っている広川絵麻さんのお茶碗でした。質感と色味の柔らかさや、一周まわしてみると角度ごとに違う表情を持ったこの器にひと目ぼれ。そこから毎食、ご飯を食べるたびに嬉しいのです。

また、**料理が好きではない私にとって、器も料理をイヤにならない装置として多大なる働きをしてくれます**。そして、愛する器となると扱いが変わるのか、食器を割ることが少なくなりました。

「いつかは漆《うるし》の椀を」という夢が、昨年叶いました。赤木明登さんの飯椀を、汁椀として使っています。使い込むほどに、生活の跡がついていくと思うと楽しみです。

憧れていた三谷龍二さんの木のお皿を、埼玉県北本市にあるギャラリー「yaichi」で個展が開かれた折に購入しました。パン、サラダ、焼き魚、何を乗せてもおいしそうに見える。

愛する器たち

後藤義国さんの「しのぎ汲出し」という器。埼玉県川口市の「senkiya」で行われたイベントで購入しました。等間隔の模様が美しい。

北海道にある高橋工芸さんの名品「Kamiグラスフリー」。岡山の「pibico」というお店で出会いました。「使い勝手がよいので日常で活躍しますよ」とすすめてくれた店主のいうとおり、買ってみたら、本当にいい。軽くて割れず、湯呑みの中でも超1軍に。

普段、あまりザラザラした器は買わないのですが、この湯呑みにはひと目ぼれ。お茶がおいしそうに湛《たた》えられている様子が想像できました。神戸の「草灯舎」というお店で購入。店の中のモノすべてが好みでした。

林さとみさんの五寸鉢。夫の旅行土産です。もともとは、夫が好きな作家さんで、最初はちょっとテイストが可愛すぎるかな～と思っていたのですが、使うほどに私もファンに。とても使いやすく、美しい。

中園晋作さんの平皿で、さいたま市にある雑貨店「linne」で購入。こちらのお店のオーナー・高瀬さんから、器や作家さんに関する話をお聞きするのも楽しい。ケーキやパンをのせています。

阿部春弥さんの「緑鉄釉額皿」。長野県上田市の宿「三水館」で購入しました。五寸皿（直径約15cm）はふたり分のおかずを盛るのにちょうどいい大きさで、スイーツなどにも合い、幅広い用途で使えます。

イイホシユミコさんのタンブラー。吉祥寺の「gallery féve」で開かれた個展で手に入れました。飲み物を、涼しげで、おいしそうに見せてくれます。

金沢の家具店「TORi」で見つけた、テーブルウエアブランド「Yenware」の鉢。優しい色合いとシャープなデザイン。

遠野秀子さんの、ミルクピッチャーサイズの器。「senkiya」のイベント「うみともりのごはんと器と機を織る人展」で購入しました。ドレッシングを入れて使うこともあります。

お楽しみ⑤

手紙のやりとり

私の「アンテナの先輩」である親友からは、月に1回くらいの頻度で手紙が届きます。私だけに向けた彼女のエッセイのようなもので、もう7年近く続くとっておきのお楽しみ。彼女は日常の些細な出来事も独自のセンスで面白がることが上手。私のつぼにはまるような面白い出来事を、彼女なりの解釈付きで教えてくれるのです。表現力も豊かで、私にとって国語の先生のよう。

手紙がたまるにつれ、箱にしまい込むと読み直す機会が減ってしまうことに気付きました。そこで、A4のノートを用意して、貼りつけていくことにしたのです。手紙だけでなく、いただいたカードや写真、旅行の時の地図やチケットなども、すべてこのノートへ。まるで思い出の詰まった雑誌のようになり、気軽に手に取って読み返すことができるようになりました。そして**読むごとに、もらった手紙や思い出への愛着が増していく気がします**。

もらったモノで構成されたノートなのに、読み返すと自らのライフログになっているのが面白い。なぜなら手紙には、当時悩んでいたことに対する励ましであったり、一緒に行った旅行の感想が綴《つづ》られていたりする。その時の情景がありありと頭に浮かんできて、これまでの人生を反芻《はんすう》している気分です。

私はさほど筆まめではないのですが、気負わずに書けるように一筆箋をよく使っています。今の課題は、お世話になった方にきちんとお礼状を出すこと。手紙は人とのつながりをより強くする、つくづくいいツールだと思います。

お楽しみ⑥

トイレギャラリー

トイレの壁に、旅の写真を貼ってギャラリー化しています。作り方は簡単。エクセル上で6〜8枚の写真をコラージュし、A4サイズのシートにプリントアウトするだけ。トイレに入っている時は目がヒマなので、どこに貼るよりもじっくりと見ることができるのです。

旅やキャンプに出かけたら、その度《たび》に写真を更新するのが習慣となりました。シート1枚に凝縮された思い出を堪能できるのはもちろん、海の青や木々の緑が鮮やかに空間を彩ってくれるのも嬉しい。

さらにこのギャラリーは、夫とのコミュニケーションツールとしても秀逸です。トイレに入って写真を見ると、出たあとに「あれおいしかったね〜」「また今年行けるかな」などと話したくなるのです。

最近写真を手に取って見る機会がないな、と感じたのが、この方法を試したきっかけ。もっぱらデータとしてパソコンやスマホの中にあるだけで、プリントアウトはしないのでじっくり向き合わないのです。もともと写真の機能とは、見て懐かしんだり楽しんだりすること。ならば見る機会を増やすことは、写真の存在価値を上げて活かすことにつながります。

一日に何度も、自然と目を留めることのできるトイレギャラリー。**見ている間だけは、心が再び旅先にトリップできます。**小さな憩いの空間でのショートトリップです。ちなみに、更新されて降板となったシートは、今後クリアファイルに入れていき、アルバムにしてみようかなと考えています。

常に行動を共にする いわば相棒のような存在

column④ バッグの中身

バッグは、愛用の1点を使い倒す派。トートバッグを用いることが多いのですが、それは、ワンアクションで中身を取ることができるから。バッグを肩掛けした状態で、いろんなアイテムをスムーズに取り出せるように、中の定位置を決めています。例を上げるならば、携帯電話やリップバームは小さいポケット、財布は大きいポケット、というように。アイテムは簡単に引っ張り出せるように、立たせて収納するのが常。バッグひとつ取っても工夫を凝らせば、使い勝手の良さにつながります。

1

1. fábrica.というブランドのトートバッグ。「senkiya」で行われた受注会でオーダー。レザー×帆布の組み合わせが、ちょうどいい大人っぽさで気に入りました。2. マークスアンドウェブのハンドタオルとリップバーム。タオルは片面がガーゼになっていて、肌触り抜群。リップはペパーミント×ローズマリーの香り。3. ARTS&SCIENCEの折り財布は、ルックスはもちろんのこと、小銭入れのほか4ポケット付き、札入れはセパレートになっているなど機能面が最高。レザーは使い込むほど味が出るので、愛着も増幅。4. 愛車のカギ。5. 名刺入れは、「GRENSTOCK」という靴工房のモノ。人生初、靴をセミオーダーして購入した際、整理収納の仕事を始めたばかりという話をしたら、なんとプレゼントしてくださった！ 粋な計らいが記憶に残ります。6. マンスリータイプの手帳。メモ帳がたっぷりついていて、WANTリスト作りにも役立つ。7. コスメポーチはカラビナ付きで、バッグ内のホルダーに装着できるのがメリット。8. 大きいバッグに入れても迷子にならない、ビッグサイズのメッシュポーチ。エコバッグ、マスク、ウェットティッシュなどを収納。

8 頼りにしてます、無印良品

無印良品は、
モノを探す時に最初に見に行く場所。
人々の暮らしに真摯《しんし》に向き合っている、
私のオアシスなのです。

入学・就職・結婚など、環境が変わるごとに生じる必需品。これらを見繕いに、いつも真っ先に足が向くのは無印良品でした。ここで目当てのモノが見つからなければほかのお店へ探しに行く感じ。さらには、買いたいモノがなくても、通りがかりにお店があれば吸い込まれるように入ってしまう、そんな魅力を発しています。

無印良品との出会いは、高校生の頃でした。今も昔も文房具が好きで、それを自分の使い勝手に合わせてカスタマイズするのも大好き。プレーンな文房具は、多様な可能性を秘めており、カスタマイズの幅も十人十色。何の味付けもされていないノート、ペン、筆箱……。当時はシステムバインダーとリフィルを組み合わせ、表紙をデコレーションしてオリジナルのプリクラ帳を作っていました。

実家のリフォームで自室が大きく変わった時も、買い物に向かったのは無印良品。ここで初めて、小物だけでなく、引き出しや棚といった収納家具に注目しました。実は、今の家で使っている無印良品のPPケースやパルプボードボックスは、この時購入したものです。10年以上を経ても問題なく使えています。**丈夫でどんな空間にもなじみ、生活に合わせて使う用途を変えられる。**シンプルで使い勝手第一のモノだから、10年経って飽きるどころか、愛はどんどん増していくばかりです。

「使う人」本位の姿勢

無印良品の商品には、飾らないかっこよさを感じます。デザインされていないようで、使いやすくするためのデザインを徹底的に施している。クロスの端に輪っかがついていたり、引っかけるための穴が開いていたり。暮らしのさまざまなシーンに合うよう、細かいところまで気が利いています。

利用者の声を取り入れた新製品や、商品の改良がなされることもしょっちゅう。使ってみると、「なるほど、具合がいい」とわかります。**徹底的に「使う人」の「使い勝手」最優先のモノづくり、その姿勢が素晴らしいと思うのです。**

2穴ファイルに顧客情報をストック

溜まりゆくお客さまの情報を、アーカイブ用に取っておくのに使っている「再生紙2穴ファイル・アーチ式」。中は、無印良品のインデックスを使って名前のアカサタナ順に並べています。資料の重量があっても、頑丈なので安心。ダークグレーの業務っぽい佇まいも気に入っています。将来書斎を持つことができたなら、このファイルと、同色の「硬質パルプ」シリーズで収納を揃えたいところ。

ユニットシェルフをカスタマイズ

無印良品ネットストアで、「ユニットシェルフシミュレーター」を使ってさまざまなカスタマイズを考えることができます。自宅のランドリーラックもPC上でシミュレーションしてから購入。今はお客さまへのご提案のために、頻繁にシミュレーターを利用しています。このラックの中では、ブリ材のボックス、ワイヤー引き出し（シェルフのパーツ）、PPケース引出式を組み合わせています。自分仕様なので、使い勝手は最高です。

そして無印良品のシンプルで飽きのこないデザインから感じるのは、「次から次へと買って」「モノをどんどん浪費して」を推奨していないということ。生活用品にしても衣服にしても、華美でたまにしか出番がないようなものはありません。デコラティブなモノは、飽きる時が来る。けれど色柄ではなく、素材や機能がいいモノは時を経るほどに好きになる。**無印良品の基本姿勢は、「これがいい」でなく、「これでいい」。**猫柄をつければ猫柄を好む人しか嬉しくありませんが、機能がよければ多くの人がそれぞれに使いこなすことができるのです。

飽きないモノだからこそ、丈夫で長持ちすることにもこだわりを感じます。粗悪な品を買ってしまい、あっという間にダメにしてしまった経験は誰しもあると思いますが、無印良品のモノにはそれがない。むしろ、「これ、もう何年使ってる?」というモノばかりです。商品は決して安いわけではないけれど、素材やつくりのよさを考えると損だとは思えません。服にしても、何十回洗ってもダメにならない。気兼ねなくガンガン洗濯できることは、普段の暮らしに根差していると強く感じます。

知れば知るほど好きになる

結婚して間もない頃、近くの無印良品でアルバイトを始めました。スタッフとして働いてみて、ブランドの魅力をさらに目の当たりにすることになりました。

自分ならどう使おう? と想像力をかきたてられるような新商品が続々と出るのです。それはシンプルな透明の収納スタンドであったり、時計のイラストがポツンと描かれたノートであったり。「こう使うモノです」と使い方を限定される説明は一切なく、可能性は無限大。いかようにも使うことができるデザイン性の高さに見惚れるばかりです。

また商品だけでなく、店全体の凛とした雰囲気も魅力のひとつです。アルバイトなので週に幾度も通うのですが、「あの空間に入る幸せ」を毎回感じていました。実は、店舗のレイアウトや商品の見せ方は、計算し尽くされて配置されています。そしてずっと同じではなく、季節、イベントごとにどんどん変化させていく。その時の暮らしの風景とともに商品をディスプレイするから、自分の暮らしにどう取り入れるのかイメージしやすい。

そもそも、すべてがオリジナル商品の「暮らしのモノがすべて揃う」ショップは、無印良品が唯一無二なのではないでしょうか。すべてのモノが暮らしに関わるものであり、「これを家に取り入れたら、こうなる」と想像するだけで心が浮き立つ空間なのです。

このブランドの考え方や姿勢に、とても共感を覚えます。**消費者の声を取り入れて商品を改良していくという点も、「暮らしは日々試行錯誤で改良していくべき」という私の考え方と同じような気がするのです。**

敏感肌用オールインワン美容液ジェル 100g 1,000円(税込・以下同)、
化粧水・敏感肌用・しっとりタイプ 200ml 580円／ともに無印良品 池袋西武(以下同)

愛用品①

スキンケアアイテム

もともと乾燥肌なのですが、このところさらに乾燥する日もあり、かと思いきや吹き出物ができたり肌の調子がよろしくありません。そこでこの「敏感肌用」化粧水と美容液ジェルを使ってみたところ、状態が落ち着いてきました。

無印良品の〝敏感肌用スキンケア〟は、無臭で、余計なモノが入っていないところが気に入っています。以前、高価な化粧水を試してみましたが、結果は無印良品とそう変わりません。それならば、高価なモノをケチって使うより、手頃なモノをたっぷり使った方が肌にはよさそうです。

パッケージもシンプルで、洗面台に置いてもノイズ感がありません。化粧水にはスプレーヘッドやポンプヘッドをつけて、カスタマイズできるのもいい。

また、小さなサイズのボトルもあるので、試してみたい時や旅行用などに便利です。

ミニクロック・ホワイト マグネット・収納スタンド付 1,800円

愛用品②

ミニ時計

マグネットでつけられる小さな時計を、玄関扉とレンジフードの2カ所に貼りつけています。玄関のモノは、外出する時に見て「あと5分でバスが来る！」と急いだり、「もう間に合わないや、ゆっくり行こう」と部屋に戻ったりするのに便利。レンジフードにつけたモノは、朝ご飯の用意をしながら時間を見るのにちょうどいい。ちなみに、洗面所にもベルトの壊れた腕時計を置いています。

時計が目に入らない状態で生活していると、うっかり油断した隙に1、2時間が平気で過ぎてしまうもの。わざわざ見える所まで移動しなくても、何かのついでに目に入ると具合がいい。

この時計は、マグネット式で気軽に設置できるし、スタンドがついているので置き型にもなる。文字盤がシンプルで見やすく、お気に入りです。無印良品の時計は、このほかのものも工業的なデザインで、目の悪い人にもお年寄りにも優しくできています。こういうところにムダなモノを加えない、機能的な美しさを実感するのです。

祝儀袋 白・中袋1枚、短冊3枚付 300円

愛用品③

祝儀袋

　ご祝儀袋を探して文房具屋さんに行くと、ほとんどのものがデコラティブだったり、仰々《ぎょうぎょう》しかったりします。けれど私はキラキラしたものがあまり好きではなく、この慎ましい素朴なデザインが好み。新郎・新婦を問わず渡せるような、すっきりとしたデザインです。受付で夫が出すことを想定しても、違和感がありません。

　アルバイトをするまで無印良品にご祝儀袋があることを知らなかったのですが、以降、必ず家に1つは置いておくようにしています。近頃、周りが結婚ラッシュのため、直前に慌てることがないよう、新札とセットで常に用意しているのです。これで、いつ招待状が届いても大丈夫！

　ほかにも、レターセットや一筆箋などの紙ものを愛用しています。送る人を選ばず、どんなシーンにも適するのは、シンプルなペーパーアイテムです。

ステンレスペンホルダー 2本用 525円、こすって消せるニードルボールペン 黒・0.4mm 180円、組み合わせが選べる3色ボールペン・軸 140円、同リフィル 水色・0.4mm・ニードルタイプ、同みかん、同黒・0.3mm・ニードルタイプすべて80円

愛用品④

筆記アイテム

　こすって消すことのできる黒のボールペンと組み合わせが選べる3色ペンが、いつも手帳につけて持ち歩く、定番の2本です。3色ペンは自分で色を選んで入れられるもので、私が使っているのはみかん・水色・細めの黒。手帳には、仕事の予定をみかんで、プライベートを水色で、そのほかのメモは黒で書き込んでいます。黒だけ0・3㎜と細めなわけは、小さいスペースに細かく書き込めるように。6章（P.64）でご紹介した「WANTリスト」もこれで書いています。

　消せるボールペンは、ふせんではなく手帳に直接書き込む時に本当に便利。何も気にせずサッとメモを取れます。

　またペンホルダーを導入してから、かばんの中にペンが落ちてガサガサ探すようなことがなくなりました。メモを書くのにも瞬発力が必要。探している間に忘れてしまったり、書く気を失ったりしては、ペンを持ち歩く意味がなくなってしまいます。

ラタンボックス取っ手付・スタッカブル
約幅15×奥行22×高さ9cm 1,500円

愛用品⑤

ラタンボックス

無印良品のラタンシリーズは、見た目に高級感があり、どこに置いても様になります。ちょっと目につく場所に置いても、小物や衣類を放り込んで美しく収納できる。使うモノを扉の内にしまい込むことなく使う所に置いておける、「場を整える」収納の強い味方です。大きいモノになると値が張りますが、丈夫でいつまでも使えることを考えると、さほど高くは感じません。

　私は、こぶりで取っ手付きのこのボックスを、クローゼットでもある押し入れに置いています。押し入れのカーテンを開けたらすぐに出てくる、靴下収納の真下です。ここには、着替えの際に使うデオドラントスプレーやベビーパウダー（夏季）、保湿用ボディクリーム（冬季）などを入れています。片手で持てるちょっとしたサイズのボックスは、持ち運びしやすく、小さいアイテムをまとめるのに便利。それを取りやすい場所に置くことで、中のアイテムを使いやすくしています。

マグネット付ラップケース
大・約幅25〜30cm用 900円

愛用品⑥

ラップケース

白いラップケースを用いている理由は、台所に視覚的なノイズを入れないためです。お気に入りのシックな色味の器の横に、カラフルなラップが置いてあっては料理のモチベーションが下がる危険が。シンプルで場に溶け込むラップケースを用いれば、その心配もありません。

　そしてありがたいのが、マグネット付きのため我が家のステンレスラックにぴたっと貼りつけられること。調理中や片付け中など、忙しいシーンでサッと取ることの多いラップは、扉を開けたりする手間なく収納したい。さらに、以前使っていたマグネットのついてないケースは、よく落とすことがあり、割れてしまうことも多々ありました。

　ぴたっとくっつけるだけの収納は、この上なくラクで安全です。無印良品の、まさに「かゆい所に手が届く」商品のひとつです。

裏メッシュストレッチ天竺カップ入りTシャツ（デオドラント）
白、黒、グレー 各1,980円

愛用品⑦

カップ入りTシャツ

カップ入りのキャミソールやタンクトップは今やメジャーな存在ですが、Tシャツとなるとカップ付きのものがほとんどありません。袖がつくことで、腕を上げるとカップがずれやすいなどの理由があるようです。

このTシャツも多少カップがずれてしまうことがありますが、それでも夏のリラックス着として、ちょっとそのまま外へゴミ出しに行ったりするのにとても便利で手放せません。ほかにも、近所のコンビニへとか、宅配便が来た時の応対の際など、着替えるほどじゃないけどノーブラではちょっと、という時にうってつけ。そんな時はいくらカップがついていても、キャミソールではこころもとありませんからね。

こんな、〝本当に普段の暮らし〟のシーンにピタッとはまるブランドは、そうそうありません。

かかとが深くてつま先が浅い足なりフットカバー（消臭）
黒、オフ白、ベージュ、チャコールグレー（えらべる3足1,000円）

愛用品⑧

フットカバー

歩いているうちに靴の中でフットカバーが脱げて、履きなおしても履きなおしても脱げに脱げる……そんなイライラを経験した人は多いかと思います。私もそのひとりで、「もう、フットカバーは私の人生にいらないモノ」とまで決意したものです。

けれど、バイト中にこのフットカバーを試してみたところ、なんと、脱げない！ かかとを深く包み込んでいるために脱げにくいのだそう。またつま先が浅く、シューズからはみ出すこともない。とても感動し、この商品は私の中で「名品」と認定されました。そして、私の人生にフットカバーが帰ってきたのです。

足もとを軽やかに見せたいけれど、素足は避けたいという時に重宝しています。夏は本当に、毎日これればかり履いています。

PET詰替ボトル ホワイト400ml用280円、
PET詰替ボトル ホワイト250ml用250円

愛用品⑨

詰め替えボトル

上の2つは、台所のシンクに置いているハンドソープ（左）と食器洗い洗剤です。商品そのままではなく詰め替えボトルに入れ替えるのは、ラップケースと同じ理由で、見た目の雑音となるのが嫌だから。このボトルは真っ白で清潔感があり、四角いラックにピタッと収まるフォルムが気に入って買いました。ボトルの色は、ほかにも透明、グリーンなどさまざまありますが、キッチンや水場という清潔感第一の場所には、やはり白を選びたくなります。白は汚れが目立つので、こまめに拭いたり洗ったりするきっかけをつくる色でもあります。

そして自分で好きなラベルなどを貼って、それが目立つのもいいところ。中が見えない収納では、ラベルが大きな効果を発揮します。2つしかないから間違えないだろうと思っても、何故だか間違えてしまうもの。どっちだっけと考える一瞬の手間も、面倒なものです。ラベルにちょっとした個性を出せるのも、楽しい。

またこのボトルなら、持ち上げて逆さにしなくても、プッシュするだけで洗剤を出すことができます。いいことずくめの、詰め替えボトルなのです。

ステンレスひっかけるワイヤークリップ 4個入
約幅2.0×奥行5.5×高さ9.5cm 400円

愛用品⑩

ワイヤークリップ

この商品は、モノを挟んで吊るすためのもの。モノを吊るすメリットは、「手を伸ばすだけで取ることができる」「湿ったモノを乾かせる」「空間を利用できる」「置くよりも下を掃除しやすい」など、たくさんあります。

最初にこれを使ったのは、洗面所で歯磨き粉を手軽に取るためでした。ランドリーラックにぶらさげておけば、クリップごとサッと取ってチューブを出せたのです。最近では、その横にメラミンスポンジを挟んで吊るしています。これも、クリップごと手に取って、クリップを柄にしてブラシのように汚れをこすっています。

キッチンでは、逆さまにして吊り戸棚の扉をはさみ、フック部分に布巾をかけています。ひとつ余計にラックにかけて、タッパーのふたを挟んで乾かすことも。

さまざまに使うことができて、耐重量も500gと丈夫。お客さまの家でおすすめすることもあるし、うちに来てくれた取材陣が「これ買って帰ろう」なんてつぶやくことも多いです。それぞれのおうちの懸案事項が解決される、まさに頼れるアイテムなのだと思います。

月桂冠
都をどり
月桂冠

9 暮らしの品を求めて

私の旅の目的は、
だいたい3つに絞られます。
憧れの宿に泊まる、
イベントに赴《おもむ》く、そして何より
暮らしのモノを求めに行く。
普段の暮らしを
より豊かにするためのモノ探し、
今回は京都へ向かいました。

私にとっては、旅も暮らしの延長線上にあります。初めて行く場所なら観光も楽しみますが、よく足を運ぶのは、過去に何度も訪れて見知った土地。そんなお気に入りの場所での「衣食住を楽しみ」、雑貨や洋服、時には家具など「暮らしのモノを見繕う」ための旅であることが多いです。

今回の旅先に選んだ京都は、これまで何度も訪れたことのある土地。行くたびにお気に入りの店が増え、そのお店を巡るだけでも大満足。

旅は、暮らしを豊かにしてくれる品との出会いの場。とくに器に関しては、それぞれの土地で活動する作家さんがいらっしゃるので、その土地ならではの出会いを期待できます。好きな器作家さんの作品に触れたくて、旅先を決めることもあります。はるばる訪れて、器を手に取り、吟味し、我《わ》が家で働く姿を想像する。ついに家へ持ち帰ろうと決めるまでの道のりの、心浮き立つことといったら！

こうして見つけた暮らしの品は、旅の思い出とセットになるので愛着もひとしお。使っている時はもちろんのこと、目に入るだけで心が満たされます。このような「最良のモノ」をピースとして、暮らしの形をつくっていけたらどれだけ幸せなことでしょう。

暮らしの品を見繕うなら……とアンテナを張ってきた結果、引っかかる場所のひとつである京都。憧れの老舗道具店や、好きな雑貨店。やわらかな京ことばと、人々のぬくもりに包まれながら、暮らしの道具を探してきました。

藤木町
UCHU
open

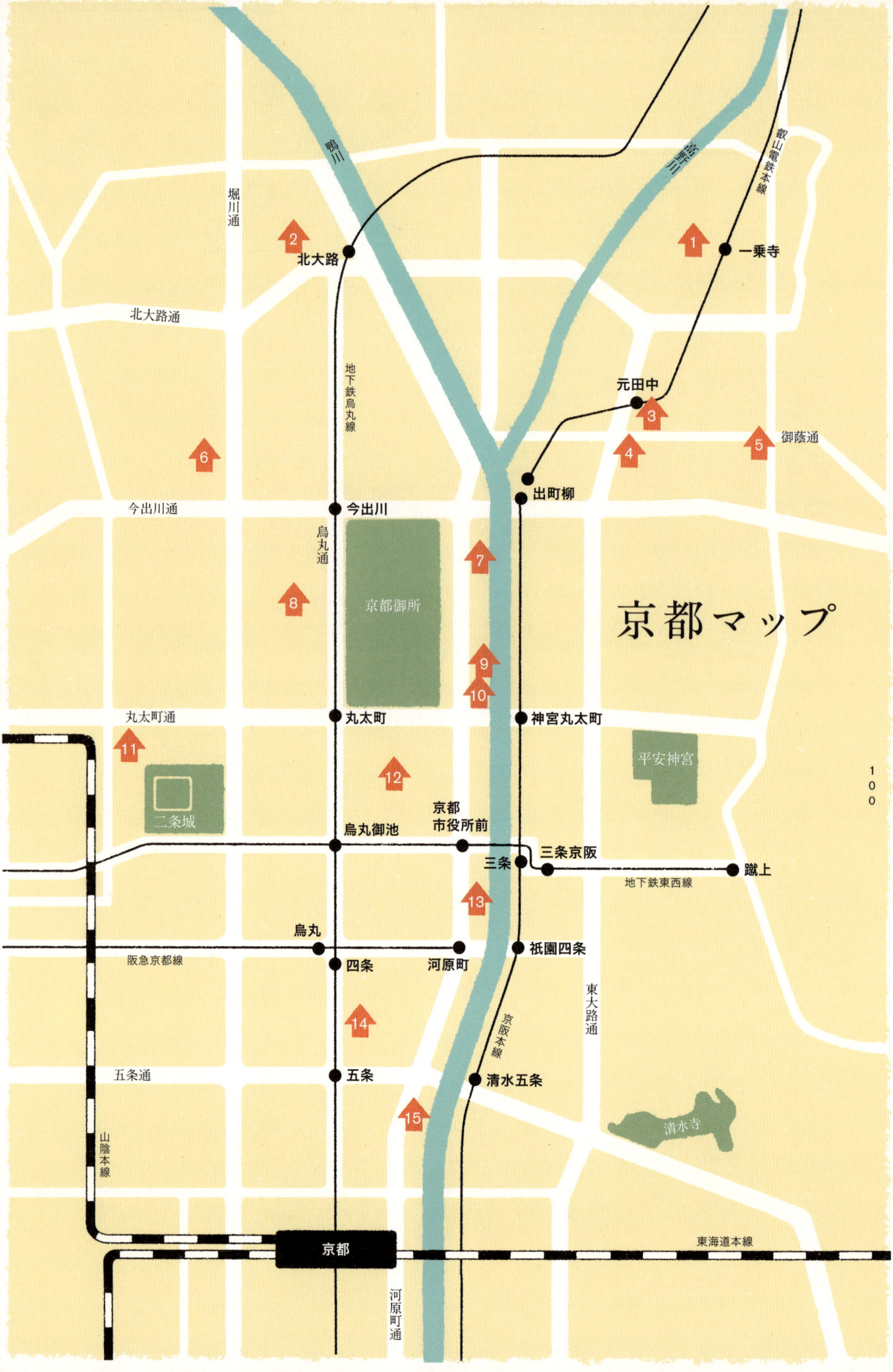
京都マップ
鴨川
高野川
叡山電鉄本線
堀川通
北大路
北大路通
一乗寺
元田中
御蔭通
出町柳
地下鉄烏丸線
今出川
今出川通
烏丸通
京都御所
平安神宮
丸太町
丸太町通
神宮丸太町
二条城
烏丸御池
京都
市役所前
三条京阪
三条
蹴上
地下鉄東西線
烏丸
祇園四条
阪急京都線
四条
河原町
東大路通
京阪本線
五条通
五条
清水五条
清水寺
山陰本線
京都
東海道本線
河原町通
1
2
3
4
5
6
7
8
9
10
11
12
13
14
15

11 京の惣菜 あだち
☎075-841-4156

6 UCHU wagashi
☎075-201-4933

1 恵文社一乗寺店
☎075-711-5919

12 辻和金網
☎075-231-7368

7 KAFE工船
☎075-211-5398

2 BOLTS HARDWARE STORE
☎075-432-8024

13 ELEPHANT FACTORY COFFEE
☎075-212-1808

8 京都ブライトンホテル
☎075-441-4411
（代表）

3 WEEKENDERS COFFEE
☎075-724-8182

14 木と根
☎075-352-2428

9 トリバザール
☎075-231-1670

4 華祥
☎075-723-5185

15 開化堂
☎075-351-5788

10 kit
☎075-231-1055

5 小さい部屋
☎075-702-7918

器をテーマとした書籍が集まったコーナーは、つい足を止めてしまいます。ブリキ製の容れ物や食器、カトラリー類。恵文社のスタッフさんが独自の感覚で選ぶ雑貨は、どれもセンスを感じるものばかり。

恵文社一乗寺店

30年以上前に書店としてオープンし、その後ギャラリーと雑貨店も併設。雑誌から古書、洋書、リトルプレスまで揃います。テーマや作家ごとにディスプレイされているので、興味のあるエリアで足を止め、本選びに没頭できます。雑貨店は、熱烈なファンを抱えるブランドや作家を、日本各地からセレクト。食品から器、布ものまで幅広く取り揃えており、長時間楽しめるのです。デザイン性の優れた、恵文社オリジナル商品も必見。

SHOP DATA

住…京都府京都市左京区一乗寺払殿町10
☎075-711-5919
営…10:00～22:00
無休

木と根

店名の「木と根」は、木を立派に育てるには根から大切に、見えないところからコツコツと取り組む、という意味が込められているのだそう。

数年前に初めて訪れて以来、京都に来たら必ず訪問するお店のひとつです。現在は38名ほどの器作家さんの作品を扱っているそうで、好きな作家さんとの出会いの機会につながりそう。器を中心に、家具屋「木印」のまな板など生活道具も豊富です。喫茶室が隣接されており、お店で扱う商品を使ってお茶を出してくれるのもまた、嬉しい。

SHOP DATA

住…京都府京都市下京区燈籠町589-1
☎075-352-2428
営…12:00～日暮れまで
喫茶室ラストオーダー17:00頃
休…水・木
※臨時休業あり

奥にある喫茶室では、自家製マフィンが定番メニュー。そのほか、春なら「檸檬タルト」など、季節に合わせたスイーツが登場するのもうれしいところ。お手製スイーツと丁寧に淹れられたお茶でホッとひと息つけば、お買い物巡りの疲れが回復します。

店主とは「20年来のお付き合い」という、人形作家のにしおゆきさんの作品。絵本をベースにした世界観のもと作られる、にしおさんの人形は、見ていると優しい気持ちにしてくれます。

小さい部屋

暮らしの道具、真ちゅうや布製のアクセサリー、見ていて和むお人形などが並ぶ、こちらも暮らしの品探しには外せないお店。「置いていてうれしくなるようなモノを」と、店主の西岡さんが選んだ品は、トレンドよりも、自分で手に取り、使いやすさを重視したアイテム。小さい空間に集められた品々には、ちょうどよく可愛らしく、ほっとする優しさがあります。1点1点じっくりと、モノ選びに没頭できるお店です。

SHOP DATA

住…京都府京都市左京区北白川堂ノ前町39-6 太陽ビル2階
☎075-702-7918
営…11:30〜18:30
休…木・金

BOLTS HARDWARE STORE

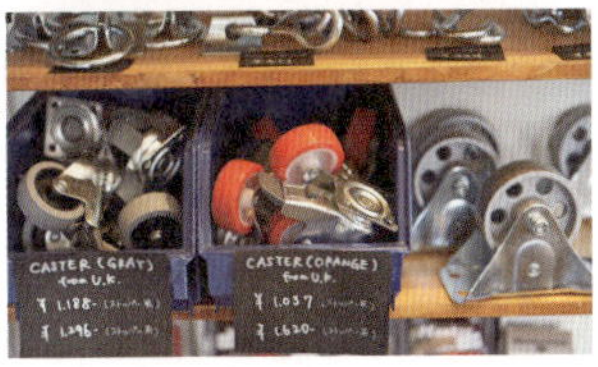

機能を追求して選ばれた商品の数々。キャスターやルームプレートなど身近なモノも多く、誰でも気軽に取り入れやすいアイテムも多い。フック類は、「お客さんのお宅で使えるかも」とお試しで買ってみたモノも。

もともとインテリアの会社にお勤めだったオーナーが開いたお店。取っ手やフックなど、家づくりに役立つ、こだわりのパーツが集められた店内は、眺めているだけで楽しくなります。国内外からセレクトされ、機能面やコスト面をクリアした選りすぐりの商品は、どれも興味深いモノばかり。また、店のあちこちには、愛らしいキャラクターロゴが入ったオリジナル商品も置かれ、見過ごせない存在感を放っています。

SHOP DATA

住…京都府京都市北区小山下初音町43-2
☎075-432-8024
営…11:00〜19:00
休…水・隔土

トリバザール

店主の小西さんが、「眺めているだけで楽しくなるように」と考えられたディスプレイ。食品と一緒に雑貨を配置するなど、使い方をイメージできるので、買い物欲がムクムクと湧き上がります。丁寧に削って作られたまな板や木のトレーは繊細で美しい。

街中から少し入った、静かな住宅街の中に構えたお店。生活雑貨を中心に食にまつわるリーズナブルなモノが多く揃う。器は窯元から買い付ける場合がほとんどで、特に今は大分の「小鹿田焼」をはじめ、民芸品が人気なのだそう。海外だとアフリカやアジアの素朴な味わいのモノを中心にセレクト。HPには店主が訪れた「店探訪」というコーナーがあり、京都に来る前にはよく拝見しています。

SHOP DATA

住…京都府京都市上京区東三本木通丸太町上ル中之町496
☎075-231-1670
営…12:00〜19:00
休…木、日（不定休）

国内外のアイテムを、カテゴライズすることなくMIXして配置する。思わずじっくり見入ってしまいます。食器類など台所用品、洋服やアクセサリー、敷き布団まで、幅広いラインナップが何とも魅力的です。

京都にある雑貨屋の中でも、独自のセレクトが光る店。国内のほか、アジア、北欧、アメリカ、ヨーロッパなどのヴィンテージは1点ものが多く、ほかでは見ない品揃えが興味深いです。国や年代など関係なく、吊るしたり積んだり置いたり、と混ざり合ったような展示の仕方もまた面白い。食卓で活躍するようなモノからお菓子、お茶、さらに身につけるモノまで。一期一会の出会いを期待して訪れたくなる場所です。

SHOP DATA

住…京都府京都市上京区河原町通丸太町上ル桝屋町367
☎075-231-1055
営…11:00〜20:00
無休

「だんだん」というこちらの商品は、積み重ねられるタイプ。お茶の葉はもちろん、海外の方はスパイス入れに活用することもあるのだとか。

写真の石場さん含め、8名の職人が隣の工房でモノ作りにいそしみます。その場で名前を刻印してくれる茶さじは、宝物になりました。

開化堂

明治8年創業。日本で一番古い歴史を持つ茶筒の老舗。フタを筒の口に合わせると、力を加えなくてもすーっと自然と落ちて閉まる。職人の手によって作られるその精密さに、ただ感服します。ベーシックなモノから、最近では、お客さんのニーズに合わせて派生した商品が次々と登場。ブリキ、銅、真ちゅうの素材で作られる茶筒は、使う年月とともにそれぞれ色味を変化させ、何にも代えがたい逸品へ。愛着を持って、長く使っていく愉《たの》しみを教えてくれるようなお店です。

SHOP DATA

住…京都府京都市下京区河原町六条東入ル
☎075-351-5788
営…9:00～18:00
休…日・祝

辻和金網

京都の伝統工芸のひとつといわれる、金網細工。こちらの辻和金網は、機械では作り出せない、職人ならではの手技による「雅」のある金網道具を販売しています。料亭から一般家庭でも愛され続ける品々は、ムダのない機能をまっとうした美しさがあります。私はステンレスの丸型水切りカゴを愛用しています。鍋にそのまま入れて野菜を茹でたり、蒸し器にも使えたり。日々の食事作りを力強くサポートしてくれる頼もしいアイテムです。

手あみの美しさが際立つ茶こし。味わい深く色味が変化する銅、丈夫なステンレスとふたつの素材があり、どちらも選びがたい！

杓子《しゃくし》やザルなど水まわりの道具も揃います。今は手軽に安く手に入るものも多いですが、毎日のように使うものだからこそ、ひとつひとつに職人の魂が込められた手仕事の逸品が暮らしを豊かにしてくれます。

SHOP DATA

住…京都府京都市中京区堺町通夷川下ル亀屋町175
☎075-231-7368
営…9:00～18:00
休…日・祝

WEEKENDERS COFFEE

2014年4月より、豆とコーヒー器具を主とした店へ。すべての豆には〝シロップのような舌触り〟、〝バターのようなリッチな質感〟のような、風味を想像しやすい説明が添えられています。ドリップバッグやリキッドアイスコーヒーは、お土産にも喜ばれそう。

コーヒー豆が展示してあり、実際に香りをかいで選べます。99.9％カフェイン抜きのコーヒーなど、コーヒー好きのご主人が提供する商品に興味津々。

SHOP DATA

住…京都府京都市左京区田中里ノ内町82 藤川ビル2階
☎075-724-8182
営…10:00～19:00
休…水

ELEPHANT FACTORY COFFEE

初めてこちらのお店に夫と訪れた時は、道に迷いつつやっとたどり着き、この隠れ家然とした佇まいに胸が高鳴りました。アンティーク家具、古本、コーヒーとピザトーストというシンプルなメニュー……。60～70年代のジャズ喫茶を彷彿させる渋さが、最高に格好いいのです。

SHOP DATA

住…京都府京都市中京区蛸薬師通東入ル備前島町309-4 HKビル2階
☎075-212-1808
営…13:00～翌1:00
休…木

KAFE工船

店で展示している、作家・辻和美さんの器に入れてコーヒーを出してくれる。普段家では思いつかない組み合わせが新鮮。

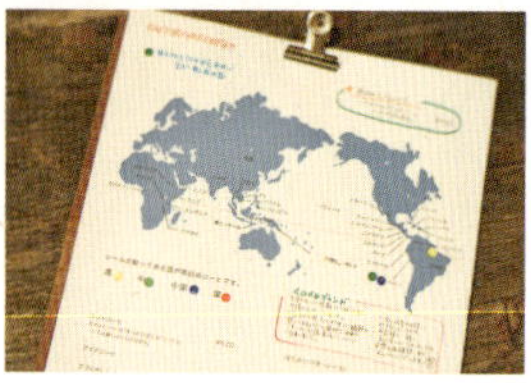

コーヒーは週替わりで違うメニューが登場します。産地や焙煎方法から選べるので、メニューにはこんな世界地図が描かれています。

焙煎家オオヤミノルさんのファクトリーショップでもあるこちら。使い勝手のよさそうな道具とガラスの器の並ぶ姿が美しい。カウンターからは、コーヒーを淹れる店主の手もとの所作を眺めることができます。実はそれも、客を楽しませるための計らいなのだそう。私が味の好みを言うと、ぴったりの豆を一緒に選んでくれたことも印象的。「コーヒーの味と、それにまつわる話をすることでお客さまに喜んでもらえたら」と話す店主からは、コーヒーに対する筋の通った姿勢が伺えました。

SHOP DATA

住…京都府京都市上京区河原町通今出川下ル梶井町448清和テナントハウス2階G号室
☎075-211-5398
営…11:00～21:00
休…火

入り口近くにあるウインドウには今日の惣菜が。ここから今食べたいものを選べるのも楽しい。旬の素材を使っているので、いつ来ても新鮮な気分に。

ご飯、みそ汁、メインのおかずにお惣菜3品がつくランチメニューは840円。ディナーはお惣菜が5品に増え、1200円〜。お腹が満足する味とボリュームにリピーター率もかなり高いのだとか。

京の惣菜 あだち

ご飯とみそ汁、それに手作りのお惣菜。ホクホクと笑顔になってしまうようなお料理と、テキパキと働くお店のおかみさんに何度でも会いたくなります。戦後から60年以上続くこちらのお店では、代々受け継がれている、独特の甘めの味付けの煮物が好評。翌日でもおいしく食べられる、味のしっかりしみたお惣菜は、ほっと安心するおいしさなのです。お腹いっぱい食べさせてくれようとする、懐の大きさも感じるお店です。

SHOP DATA

住…京都府京都市上京区千本丸太町東入ル
☎075-841-4156
営…11:00〜22:00
休…日・祝

UCHU wagashi

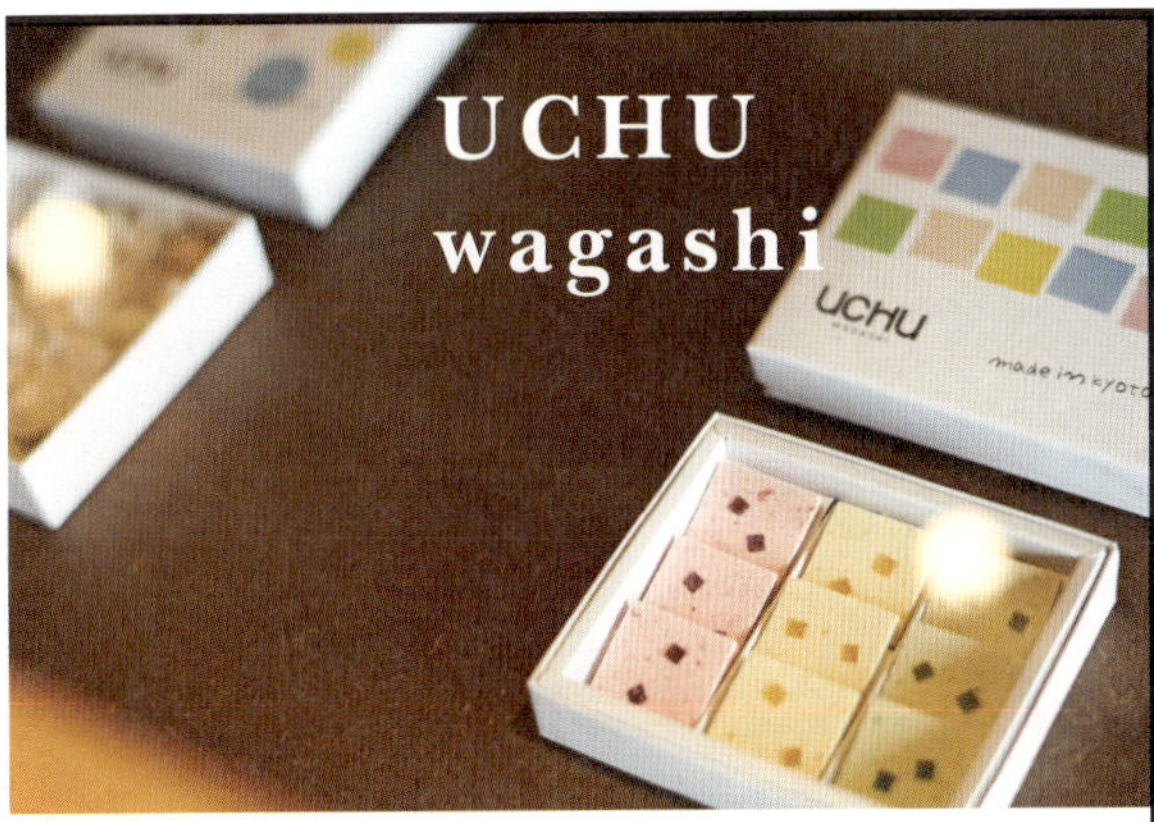

一般的な製法と違い、もち米のつなぎを使用せずに、砂糖と水で作られた新しいタイプ。華やかな色合いに、センスの高さを感じます。

和菓子の真髄と奥深さは、進化し続ける宇宙と通ずるものがある、と名付けられた店名。「100年後、新しい文化になる〝今〟の和菓子を作る」ことを目標としている落雁《らくがん》の数々は、世界中を探してもここにしかない、オリジナリティ溢れるデザイン。

SHOP DATA

住…京都府京都市上京区猪熊通上立売下ル藤木町786
☎075-201-4933
営…10:00〜18:00
休…月

華祥

ランチメニューのひとつ、あんかけ焼きそば。平麺をかた焼きし、その上に具だくさんのとろっとしたあんが、たっぷりのっています。ぺろりといただけてしまう絶品の味。

ランチの時には行列ができるほど、地元の間で大人気なお店。麺類やご飯類をメインとした、ベーシックな中華料理はもちろん、最近は単品料理なども増やしているのだそう。無類の焼きそば好きの私にとって、こちらのあんかけ焼きそばは記憶に残る一品!

SHOP DATA

住…京都府京都市左京区田中里ノ内町41-1
☎075-723-5185
営…11:00〜14:00、17:30〜21:30
休…水

家を選ぶように ホテルを選ぶ

よりよい旅になるかは、宿選びが大切だと思っています。やはり基準は、「ここで暮らしたい」と思えるかどうか。選ぶ時は、主に楽天トラベルを利用し、口《クチ》コミをチェックしつつ、掲載されている写真でお部屋や調度品を拝見。くつろぎ感が伝わってくるかどうかを確認します。窮屈感を感じない、ゆとりある広さ（30㎡以上だと嬉しい）のお部屋が理想です。欲を言えば、浴室に広々としたバスタブがあるといい。リラックスできるようなルームウエア（できればパジャマ！）も、大事な要素です。今回宿泊させていただいた、京都ブライトンホテルは前々から泊まってみたかったホテル。広々とした室内には、ベッドのほかにソファセットやリビングテーブルなども整い、宿泊者が自分の家のようにくつろげる風情があります。気ままに巡りたい京都旅には欠かせない、レンタサイクルの提供もあり、好きなお店や観光名所などにアクセスしやすいのも魅力です。旅行のお楽しみのひとつである、ホテルでのおいしい朝食とコーヒーもしっかり堪能し、1泊2日の旅を満喫させていただきました。

DATA

京都ブライトンホテル
住…京都府京都市上京区新町通中立売（御所西）
☎075-441-4411（代表）
チェックイン14:00〜
チェックアウト12:00
URL…http://www.brightonhotels.co.jp/kyoto/

宿泊先で場を整える

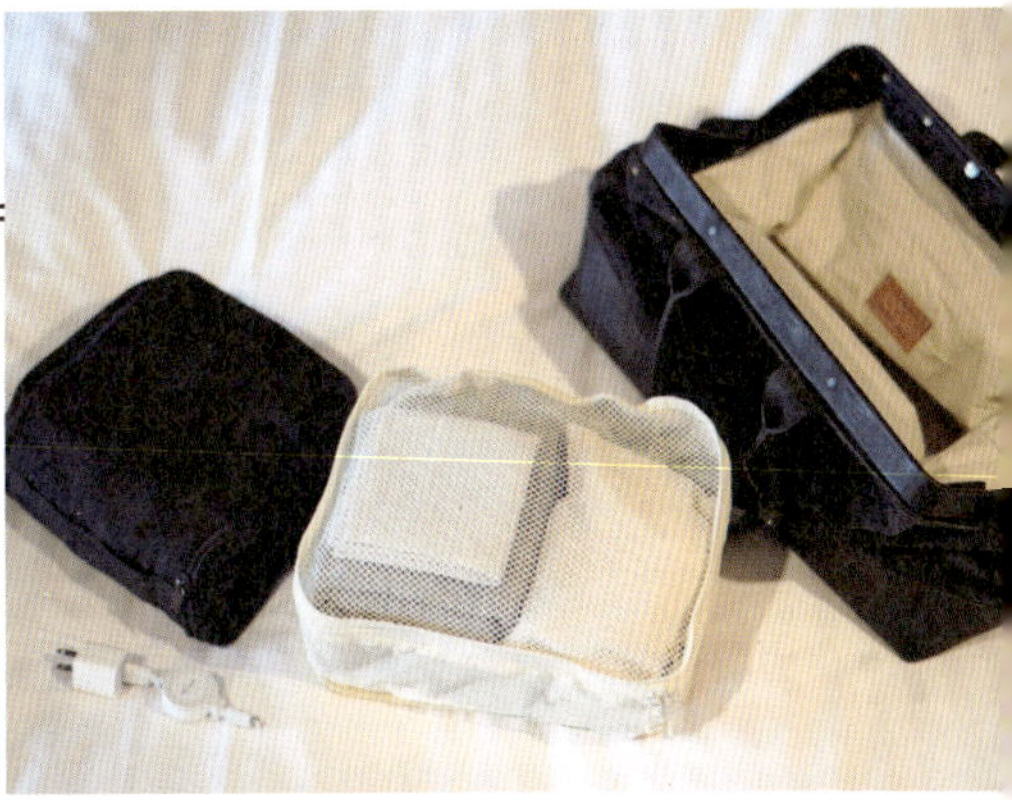

バッグから荷物をすべて出す

宿へ到着したらすぐ荷ほどきをして、旅行用のバッグは空にし、クローゼットの中へ。バッグは今回新調した、evam evaのもの。デイリー使いはもちろん、こんな1泊旅行なら十分に活躍。

荷物を適所へ

洗面ポーチは洗面台へ。明日着る服はクローゼットのハンガーに掛けて。家のように配置することで、宿泊中、毎回バッグまで立ち戻り、必要なモノを取り出すという手間が省けます。

居心地よい空間を作る

ミント系の香りのルームスプレーを持参して、お部屋を自分好みの香りに。枕もとにはめがねケースを置き、その中に外したアクセサリーを入れてトレーとして利用。朝、忘れずに身に着けられます。

旅先で荷物を軽くする

洗面グッズはサンプルを持ってくれば荷物にならない。家から持ってきた、古くなったソックスやインナーをお風呂上がりに着用して、帰り際に処分。来た時よりちょっとだけ身軽になって帰れるのです。

我が家に仲間入りした暮らしの品々

開化堂の珈琲缶

今回、初めて訪問した開化堂で、念願のお買い物。こちらのブリキ製の珈琲缶は、どんどん使い込んで、経年変化を楽しみたい。"本多"と刻印された茶さじも一生もの。

トリバザールの茶こし

ぬくもりのある素材感が魅力の、茶こし。茶こしといえば金属のものが主流ですが、天然素材ならではの優しい感触もいいものです。カップやポットのふちにかけておけるのも便利。300円程度という価格もうれしい。

小さい部屋のトレー

手触りの良い木工の日用品は、お手入れの手間はあれど、自分の暮らしに取り入れたくなります。こちらは水野悠祐さんの作品。表面を均一ではなく、あえて立体的にすることで運ぶときに乗せた器がすべりにくいようにデザインされているのだとか。

UCHU wagashiの
落雁《らくがん》

愛らしいデザインの、現代的な落雁。購入したのは「animal」。ココアとバニラ味というのも新鮮で、口に入れた瞬間、さっと溶けていきます。上品な甘さと優しい口どけです。

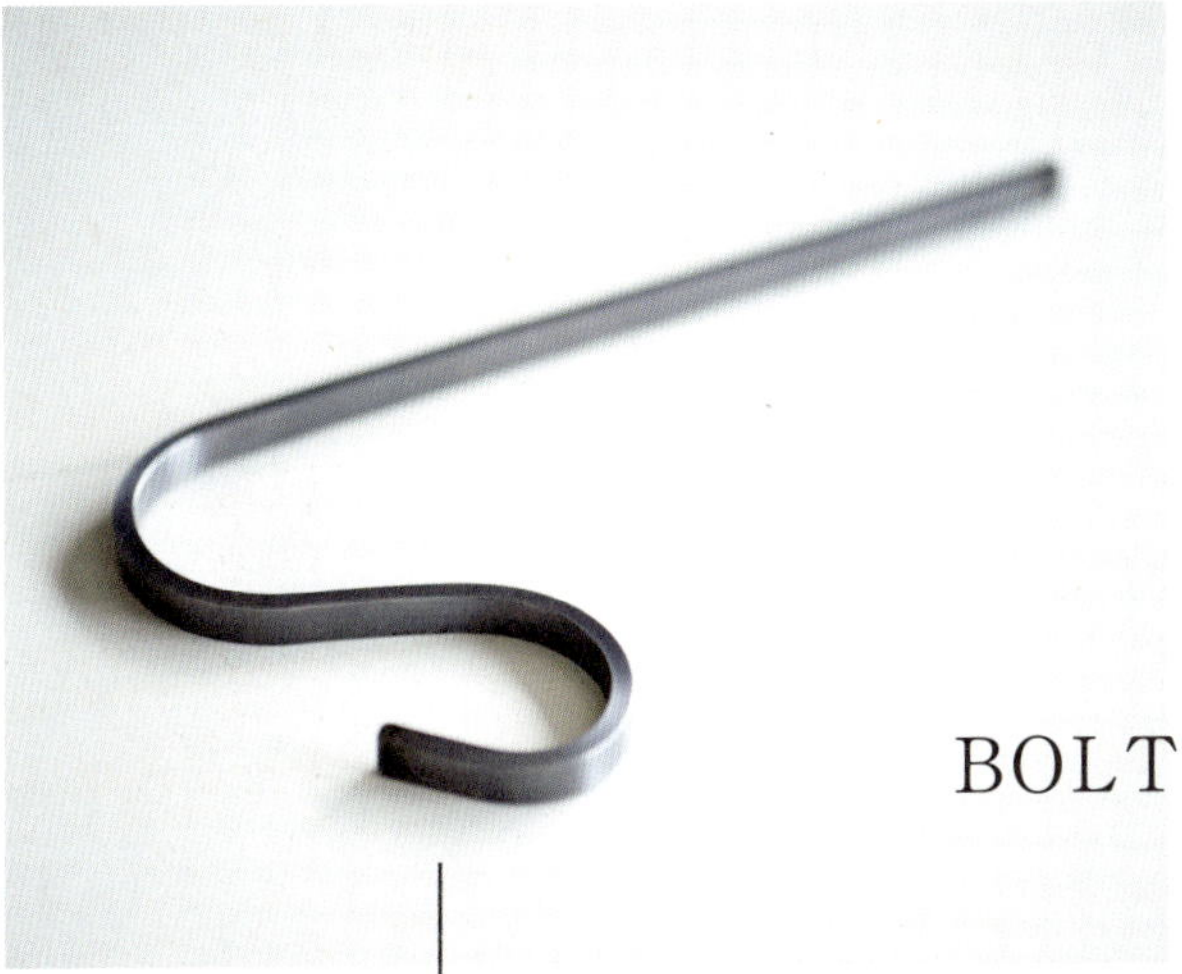

BOLTS HARDWARE STOREの
曲げフック

オーナーが店内で作って販売している商品。テーブルにかけてバッグハンガーにする方が多いそう。私はキッチンのオープンラックに設置して、ふきんかけにできないか思案中。

KAFE工船の
コーヒー豆とキャンディ

前回訪れた時にお土産で買ったモノと同じ、エチオピアモカのナチュラル中深。みそのような発酵した風味がクセになる。一口飲むと、お店の独特の雰囲気もセットとなって思い出されます。

WEEKENDERS COFFEEの
ドリップコーヒー

豆を挽かないで飲めるドリップコーヒーは、コーヒーを手軽に楽しみたい人への手土産に最適。こちらのWEEKENDERS COFFEEブレンドは酸味も少なく、飲み飽きないおいしさ。

column ⑤ ファッションについて

身に着けるたびに惚れぼれする愛用の品々

アクセサリーはシーズンごとに変化するトレンドを追いかけるよりも、毎日身に着けたくなるような、シンプルで上品なものを選ぶようになりました。大切なのは手持ちのワードローブと合わせやすく、年を重ねても長く使い続けられること。ここでは、そんな私のファッション小物をご紹介します。

SOURCEのアクセサリー

華奢なアクセサリーがほしいと思い立ち、アンテナに引っかかったのが、SOURCEというブランド。最初はダイヤトップのネックレス。そのあとはピアス、ブレスレット……と1年ごとに同シリーズのアイテムを買い足していきました。お直しもすぐに対応してくれるので、まさに長く愛せるアイテムなのです。

maison des perlesのピンバッジ

ファッション感度の高い友人から教えてもらった、作家・小林モー子さんのピンバッジ。恵比寿で開催された個展を観に行った時に購入したものです。ヴィンテージビーズの繊細さとポップなモチーフの組み合わせは、ほかでは見ない斬新さ。無地の洋服に添えると、存在感を発揮してくれるのです。

オタマヂャクシ工房の パールアクセサリー

「senkiya」と同じ敷地内で店を開いている、「オタマヂャクシ工房」のネックレス&ピアス。実は、私たちの結婚指輪もこちらで作っていただきました。同じタイミングで、結婚式用のドレスに合うようオーダーしたものです。今でもお呼ばれの際に重宝しています。純白ではないベージュっぽい色味がどんな服にもなじみやすい。

Oliver Peoplesのメガネ

行きつけのサロンのオーナーさんが、着用していたのがきっかけ。サロンのすぐ近くにある「ポンメガネ」というショップで買えると聞いて、すぐに来訪。逆三角形っぽいフレームのデザインがアクセントになると思い、選びました。かけている感覚がないような軽さに驚きました。

DANSKOのサボ

コンフォートシューズといわれるだけあり、歩きやすさを重視しているDANSKOのシューズ。こちらも友人からのおすすめで試し履きしてみたら、すぐにほしくなってしまいました。サボは脱ぎ履きがしやすいのも良いところ。どんなコーディネイトにも合いやすく、週の大半はお世話になっています。

entoanのサンダル

トートバッグにつけているキーケースもこちらのシューズブランド・entoanのもの。履いていると、「その靴どこの？」と聞かれることが多いアイテムです。レザー×スエード切り替え、レースアップのさりげないデザイン。冬はニットタイツや厚手のソックス、夏はフットカバーと合わせて、年中履き通しています。

R&D.M.Co-のシルクトートバッグ

以前はパーティーバッグといえばクラッチというイメージでしたが、必要なモノが入り切らないのが不満でした。そんな時出会ったのがこのシルク地のトート。ラフな形状ながら、透け感のあるシルクとリボン刺しゅうが上品な雰囲気で、パーティーの場でも活躍。

みつばちトートのトートバッグ

毎月3色から、ボディ・持ち手・底部の色を選んで、自由に組み合わせることができる、セミオーダー式のバッグ。色は月替わりなので、翌月のカラー展開を待つのもまた楽しい。これ以外にもふたつ所有していて、夫婦それぞれのジム用バッグに。

ARTS&SCIENCEのミニバッグ

近所に買い物に行く時や、荷物が多い時のサブバッグとして便利なのが、このミニバッグ。財布、携帯、手帳、カギがきちんと入る、十分なサイズ感。やわらかなレザーの質感とグレーの色味が、落ち着いた雰囲気を醸し出してくれて、素敵です。

麻のストール

コーディネイトのポイントとして活躍してくれるストールは、春〜秋は、麻素材のものがフル稼働。日焼け防止に、首にぐるぐるっと巻いています。黒はA.P.C.のアウトレットで購入、ベージュはマーガレット・ハウエル、ブルーはフォグリネンワーク。どれも切りっぱなしのデザインでラフな印象に。

10
暮らしを彩る店と人

迷った時に手を差し伸べてくれる人、
同じセンスを共有できる人……。
愛すべき人々が出迎えてくれるその空間は、
我《わ》が家と同じくらい、
居心地よく時を過ごせる場所です。

senkiya

2010年、とあるイベント告知を眺めていた時に目に入ったのが、“senkiya（川口）”の文字。「川口に新しいお店ができた」と知り、心が躍ったことを思い出します。

本多　お店のオープン直後に、この近辺のクラフトイベントに参加されていましたよね。その告知で、川口に「senkiya」という店ができたと知り、いてもたってもいられず、すぐに車を走らせ、向かったんです。

高橋　まだお店が完全にできていなくて、雑貨屋だけオープンしていた時だね。

本　ちょうど「今結婚パーティーの会場を探している」と話したら、会って間もない頃なのに「ここでやったら？」と提案してくれたんですよね。

高　それまでに店作るから、と約束したよね。

本　はい。私が思う「senkiya」の魅力は、お店で高橋さんのお父さんと遭遇したり、息子さんが歩いていたり、ひょっこり家族が登場するところ。店の中なのに、高橋さんの暮らしを垣間見ている感じがします。

高　店は、そんなにパキッとしていなくていいと思っていて。ちょっとズッコケた、サザエさん的な感じをいつもイメージしているからね。あとは、ほかの店ではできないことをしたいという考えもあるから、お客さんと盛り上がるとすぐ、何か一緒にやろう！となるんだよね。

オーナーの高橋秀之さんは根っからの川口LOVER。何もない街だからこそ、何かを作り出したい。地元の住人が、外から人を呼びたくなるような愛される店を作りたい、という想いが同じ川口市民として誇らしい。ここに住むことが前よりずっと楽しくなったのは、このお店のおかげ。

ドリンクとスイーツのみの提供。「さすが、お茶飲み場！」と思える潔さ。コーヒーとチーズケーキで一服するのが常です。

SHOP DATA

senkiya
住…埼玉県川口市石神715
☎048-299-4750
営…12:00〜20:00
不定休

高橋さんの感覚で集められた情報に触れられる場所。もちつき、流しそうめん、スイカ割り……1年を通してイベントも多く、型にはまらないところが魅力です。

そういう流れで、敷地内にお店を開いてもらった人が何人もいるよ。

本　人とのつながりを体現しているような店ですよね。とにかく情報の発信力がすごい。器や音楽に関して、この店を通じて知ったこともたくさんあります。まさに瞬発力の先生だな、と思っています。ここに来ると、日常が豊かになる実感がありますね。

高　自分も楽しむことが好きだし、みんなにも常に楽しんでもらいたいんだよね。楽しいことに敏感でいたいと思っているから、情報は常に欲している。そのためには、人とのつながりはすごく重要だと思っていて、おろそかにしたくない。一緒にやってくれる人がいるから、今の「senkiya」があると思っています。

本　高橋さん、楽しいことに貪欲ですよね。

高　常に「senkiya」（＝仕事）につながるように、アンテナを張ってるからかな。

本　それは、大変だと感じませんか？

高　大変だと思うことは少ないよ。それが僕の楽しみでもあり、仕事だから。これからも自分が楽しみながら、人を楽しませることをやっていきたいと思っているよ。

kousha

店名の「kousha」は、学校の“校舎”から。
越谷在住の陶芸家・飯高幸作さんと、
「senkiya」が一緒に始めたお店です。
フード担当の佐藤さんのレシピを楽しみに訪れています。

本多　このお店ができる前、「senkiya」の高橋さんから、よく佐藤さんの名前を聞いていましたよ。

佐藤　僕も「senkiya」の客だったからね。高橋さんからもう1店舗出そうという話が出て、フードレシピを担当することになりました。卵サンドとか、「誰でも知っているモノを、とびきりおいしく」というのが、大切にしていること。本多さんはいつも、サンドイッチを楽しみにしてくれている印象があるな。

本　そうなんです。私、「kousha」のサンドイッチの大ファン！　食材の組み合わせがちょっと珍しくて、口に入れた瞬間、「こういう味になるのか」と毎回そのおいしさに納得しています。

佐　ありがとうございます。

本　私はたまたま改装前の状態を見せてもらっていたから、オープン後の大変身した店内には驚きました。センスと工夫で、空間っていかようにも素敵になるんですね。「kousha」は、人に紹介したくなる場所です。おいしいランチを待つ間、隣で器を眺めて、楽しめます。

佐　そうだね。カフェでは飯高さんの器を使って料理を提供しているから、その場で使い心地を試してもらうことができ

店の中にろくろ場があり、器作りの現場が身近に感じられます。今は100円ショップでも手軽に器が買える。そんな中、モノを作る大切さを伝えてくれます。

飯高さんが作った器は、もれなくカフェの食器として登場します。料理が映える、シンプルで使いやすさを重視したデザイン。

る。あとは、「senkiya」はフードの日が決まっているけど、うちは毎日ランチをやっている。つまり、お互い補い合っているんだと思う。要素がたくさんあるほうが、お客さんを楽しませられるからね。

本　毎日料理を作るというのも、私からすればすごいことだと思っています。

佐　僕は厨房の人間で職人に近い。仕事は同じことのくり返しだから、当たり前になっていることを見直すようにしているんだ。たとえば、少し早く店に入って席でコーヒーを飲んでみると、お客さん側の目線で店を眺められたりする。日常の中に、変化を入れて楽しみにつなげるように心がけているよ。

本　たまに光る楽しさを見つけて、それを磨いて大切にしていくんですね。

佐　前提として、くり返していくことが愛おしいと思っているんだよね。単調な日々があるからこそ、ちょっとした変化が光る気がする。

「自分が作った器で、朝、コーヒーを飲むのが幸せ」と話す、陶芸家の飯高幸作さん。「kousha」に併設されている、器のお店のオーナーです。器作りでは、実は「奥さんの話を聞くこと」が重要なのだとか。一客で朝・昼・晩使えるような、勝手のいいモノであれば、ムダなくコンパクトな暮らしができる。奥さんとのやり取りでそんな考えに至ったのだそう。

SHOP DATA

kousha

住…埼玉県越谷市東大沢5-14-8

☎048-945-4910

営…11:30〜18:00

休… 日・月曜

自家製サーモンマリネとクリームチーズ、干し柿のサンド。具材の組み合わせが絶妙で、味や食感まで工夫されている。「kousha」のサンドイッチはちょっとした驚きとおいしさが詰まった、うれしい一品。

yadorigi

華やかで大ぶりではなく、
暮らしになじむ可憐な花。
大寺さんが経営する花屋「yadorigi」に通い出して、
日常に花を飾るという習慣が生まれました。

本多 大寺さんと出会ったのは4年くらい前で、「senkiya」の高橋さんからの紹介でしたよね。
大寺 そう、結婚パーティー用のヘッドアクセとブーケをオーダーしてくれましたよね。
本 季節のお花を使ってくれて、すごく素敵でうれしかったのを覚えています。
大 ありがとうございます。
本 ブログを拝見したのですが、オーダーされたお客さまのことを考えながら、自分がいいと思っていることをアドバイスされていますよね。
大 TPOにもよりますが、「白とグリーンでお祝い用を」とオーダーいただいた時に、色とりどりのお花がきれいな時季だったら、「少し色味も足されてはどうか?」と提案してみるとか、自分がいいと思ったことは伝えるようにしています。やはり、もらって喜ぶモノを作りたいですし。
本 大寺さんに提案してもらうもので、失敗はないと思っています。今まで花といえば、バラやカスミ草といった華やかなモノしかないイメージで、部屋には不似合いだと思っていました。それが大寺さんが選ぶお花は、暮らしに溶け込む慎《つつ》ましいものばかり。たとえお鍋と並んでいてもひとつの風景になるんです。
大 日本では花といえば贈ったり、贈られたりするもの、というイメージが強く、日常の中に取り入れる習慣があまりないことが残念。花は身近にあっていいものだと思っているので、暮らしになじむようなものを選んでいます。
本 おかげで、花屋で花を買う習慣がつきました。ところで、同じ働く主婦として聞きたいのですが、どのように家事の息抜きをしていますか?
大 コーヒーを飲んで一服したり、休憩する時間をちゃんとつくることかな。自宅がお店になっているので、オンオフをつけることを大切にしていますね。

大寺さんの仕入れの基準は「日常の中で、自分も飾りたくなる花」。その中から、巧みに花を組み合わせ、ひとつの花束を作り出してくれます。

紫色のルピナス、ブルーのリューココリネ、真っ白なスイートピー……。控えめな色使いの花が集まって、さりげない存在感を発揮します。

SHOP DATA

yadorigi
住…埼玉県川口市桜町2-2-22
☎070-5575-6914
休…日曜、不定休

陶芸家・中園晋作さんの器は、混じり合った色味が独特で興味を引かれます。お店で見ていると、自分が家で使っている様子を想像してしまいます。

食への関心が高い肥留間さんと、服や雑貨を愛する高瀬さんのおふたりが開いたお店。訪れるたびに店のレイアウトが変わり、つい足を運びたくなるのです。

linne

休日、夫と一緒に
足を運ぶことも多い「linne」は、
知人同士のふたりのオーナーが
オープンさせた雑貨店。
今回は、肥留間さんに
話をうかがいました。

本多　「linne」に行くと、いつも何かしらほしいモノが見つかってしまう。休みの日になるとつい訪れて宝探しをしたくなるような場所です。

肥留間　そう言っていただけてうれしいです。店の品は、私と、もう一人のオーナーの高瀬がいいと思ったモノをセレクトしています。私も買い物に関しては若い頃に失敗をくり返して、そして定番に勝るものはないということに気づきました。だから、シンプルで使い勝手のいいモノを選んでいますね。

本　暮らしの道具だったら、使いやすさが大切ですよね。私も重視すべきは機能美だと思っています。

肥　知らないうちに、世の中にマインドコントロールされていますよね。「今はチェックが流行っている」と言われると、そのアイテムがよく見えてきてしまいます。でも、それは一時的なことが多い。

本　私もそう思います。お店には古いモノも新しいモノも揃っていて、見ごたえがありますね。

肥　はい。古いモノと新しいモノが混ざり合って循環するようになればいいと思っています。そして作り手と使い手も混ざり合い、縁がつながっていけばいいと願っていて、それが「linne（＝輪廻）」という店名の由来に通じています。

本　そんな意味があったとは驚きです。肥留間さん推薦の品はどんなものですか？

肥　私は食べることが好きだから、食品やキッチンツールですね。日々の家事は慌ただしいので、生活の中でほっとするものを使いたくて。心に響くものを使えば、暮らしがより楽しくなるというのが信念ですね。

SHOP DATA

linne
住…埼玉県さいたま市緑区三室1474
☎048-875-2201
営…木・金 11:00〜16:00、土・日11:00〜18:00
休…月・火・水

衣食住にまつわる、さまざまなアイテムが並びます。オーナーのおふたりによって集められた暮らしの品々は、使いやすく飽きが来ず、長く使えるモノ。つい目移りしてしまいます。

Mugs

私が大学生のときに
アルバイトしていたカフェ「Mugs」。
私が人生の壁に直面するたび、
アドバイスをくれたオーナーの
井上さんは、“私の進路指導員”
のような存在です。

本多　井上さんと知り合って、まず感銘を受けたのは、自分でカフェをオープンさせ、〝仕事を作り出している〟というところです。それまで私は、仕事といえば、会社に勤めることだと思っていたので。転職を考えた時も、私は勤め先の種類を探していて……作り出すという発想がなかったんですよね。

井上　仕事は、自然と自分がやってしまうことが含まれていたほうが楽しくできる、というのが僕の考えです。僕も会社勤めを経て、自分がやりたいことができる仕事は？と考えて、今のスタイルに行き着きました。つまり、好きなことこそ、仕事にすべきだと考えている。だから、本多さんから相談を受けた時も、「自分がついやってしまうことをやりなさい」と、いいましたね。探す必要はな

SHOP DATA

Mugs
住…東京都中野区中央5-48-5
シャンボール中野109
☎03-3382-3644
営…火〜木12:00〜23:00、
金・土12:00〜24:00、
日12:00〜22:00
休…月

ファイヤーキングの食器がずらりと並んだ棚は圧巻のひと言。
「Mugs」での出会いをきっかけに器の魅力に引き込まれ、今ではすっかり愛好家に。

い、と。

本　そのアドバイスが私の背中を押してくれました。私がついやってしまうことは、使い勝手よく工夫したり、心地よく過ごせるように片付けたりすること。これを仕事にするという発想はまるでなかった。でも、ちょうど井上さんに相談した時期に、整理収納アドバイザーという資格の存在を知り、すぐに取ってみようと思いました。

井　うん、興味のないことは見えてこないものだから、その資格があると知ったのも、自分が興味があったからでしょう。その人によって、見えるモノと見えないモノは違ってくる。好きなことであれば、それに関する情報はどんどん見えてくるものだから。そこからチャンスにつながっていくんだと思うよ。

本　はい、自分が好きなことは本当に尊《とうと》いですよね。大切にしていこう、と思いました。

井　そうだね、やりたくないことをやっても、いいモノはなかなか生まれないからね。このお店も、自分がリスペクトするプロダクトを用いたり、今まで各国を旅して出会った、おいしいと思ったモノを提供したりして、僕が好きなモノを詰め込んでいるよ。

本　井上さんが言っていたことで、今でも印象に残っているのは、「たかが30円の安さのために遠いスーパーに買いに走るなら、近くの店で買って、その30円分は稼いで取り戻す」という言葉ですね。

井　結果、30円以上のことができればそれで満足できるしょう？　その労力や時間を使って好きなことをすればいい。そうしたらお金のムダにはならない。

本　今振り返っても、響く言葉がたくさんあります。「Ｍｕｇｓ」は、私にとっての寺子屋です。

旅に出た時のリラックス感や、現地で味わえる非日常感を彷彿させる店内。この空間にいると、なんだか旅への欲求が高まります。

自分で豆を挽いてコーヒーを淹れる幸福感。「Mugs」では“お茶を淹れて休憩をする楽しさ”も知りました。そのために時間をしっかり取って、休むことに集中する。そんな時間に対する姿勢は日々大事にしたいものです。

もう10年近く活躍している買い出し用のエコバッグとポーチ。価格を重視するのではなく、長く使える質のいいものを選ぶ、そんなモノ選びの基礎を学べた場所です。

おわりに

朝ご飯はいつもパンの人、掃除は週末にまとめて一気にやっつける人、家族が起きてくる2時間前には布団を出て仕事を始める人……暮らしの流儀は人それぞれ。その人が積み重ねてきた日々の上に成り立っている暮らしには、独自の信念や美学が含まれているように感じます。

主婦5年生、フリーランス4年生の私は、家事や仕事における小さな改革を積み重ね、自分の暮らしをずいぶんうまく操縦できるようになった気がしています。もちろんこれまでには数々の痛手もありました。知らず知らずに無理をして、体調を崩したり、家族に当たってしまったり。けれども暮らしを回していくためには、パスできない雑事や決定しなければならない事項が次から次へとやってきます。それらをうまくこなしていくことの連続が、暮らしの地固めへとつながる。

この本では、この頃ようやく地が固まってきた感覚が得られるようになった私の、普段大切にしている心がけや、暮らしを彩るお楽しみについてご紹介させていただきました。きっと数年後にはまた違った暮らしがあり、新たな考え、習慣が生まれているのでしょう。そんな変化の過程も楽しんでいきたいものです。

この本が、お読みいただいたあなたの今、そしてこれからの暮らしに何かしらの新風をもたらすことができたら幸いです。

最後に。この本を制作するにあたって快く取材にご協力くださいました皆さま、そして根気よく最後まで制作に尽力してくださいましたスタッフの皆さまに、心からお礼申し上げます。ありがとうございました。

本多さおり

本多さおり ほんだ・さおり

整理収納コンサルタント。大学卒業後、OL、飲食業勤務を経て、整理収納アドバイザー1級、整理収納コンサルタントの資格を取得。首都圏を中心に個人宅の整理収納サービスを行なうかたわら、書籍、雑誌などでもそのメソッドを紹介。著書はブログのタイトルでもある『片付けたくなる部屋づくり』『片付けたくなる部屋づくり2』(ともにワニブックス)など。

ブログ　http://chipucafe.exblog.jp

ホームページ　http://hondasaori.com

STAFF

写真　林ひろし
ヘア&メイク　永澤葵
デザイン　三木俊一、吉良伊都子(文京図案室)
DTP　ローヤル企画
文　矢島史(P4〜98)
編集　弓削桃代

SHOP LIST

無印良品 池袋西武
☎03-3989-1171

※本書に掲載されている情報は2014年6月現在のものです。商品の仕様や価格などは変更になる場合があります。
※価格・問い合わせ先が表記されていない私物に関しては、現在入手できないものもあります。
※本書の整理収納方法を実践いただく際は、建物の構造や性質、商品の注意事項をお確かめのうえ、自己責任のもと行ってください。
あらかじめご了承ください。

暮らしのつくり方

2014年7月9日　第1刷発行
2020年8月20日　第9刷発行

著者　本多さおり

発行人　蓮見清一

発行所　株式会社 宝島社
〒102-8388 東京都千代田区一番町25番地
電話　03-3234-4621(営業)
　　　03-3239-0926(編集)
https://tkj.jp
振替 00170-1-170829　㈱宝島社

印刷・製本　株式会社光邦

ISBN 978-4-8002-2593-1